中青年经济与管理学者文库

本书受到国家自然科学基金项目（71302114）、教育部人文社科基金项目（18YJC630199）和天津市宣传文化"五个一批"人才项目资助。

宏观经济因素与企业金融资产配置

吴娜 等 著

中国财经出版传媒集团

中国财政经济出版社

图书在版编目（CIP）数据

宏观经济因素与企业金融资产配置／吴娜等著．－－北京：中国财政经济出版社，2023.2
（中青年经济与管理学者文库）
ISBN 978－7－5223－1874－5

Ⅰ.①宏⋯ Ⅱ.①吴⋯ Ⅲ.①宏观经济－影响－企业－金融资产－资产管理－研究 Ⅳ.①F273.4

中国国家版本馆 CIP 数据核字（2023）第 014856 号

责任编辑：武志庆　　　　　　责任印制：党　辉
封面设计：智点创意　　　　　　责任校对：张　凡

宏观经济因素与企业金融资产配置
HONGGUAN JINGJI YINSU YU QIYE JINRONG ZICHAN PEIZHI

中国财政经济出版社 出版

URL：http：//www.cfeph.cn
E－mail：cfeph@cfeph.cn

（版权所有　翻印必究）

社址：北京市海淀区阜成路甲 28 号　邮政编码：100142
营销中心电话：010－88191522
天猫网店：中国财政经济出版社旗舰店
网址：https：//zgczjjcbs.tmall.com
北京财经印刷厂印刷　各地新华书店经销
成品尺寸：148mm×210mm　32 开　7.25 印张　180 000 字
2023 年 2 月第 1 版　2023 年 2 月北京第 1 次印刷
定价：35.00 元
ISBN 978－7－5223－1874－5
（图书出现印装问题，本社负责调换，电话：010－88190548）
本社质量投诉电话：010－88190744
打击盗版举报热线：010－88191661　QQ：2242791300

策划人语

题记：一个人的精神成长史，取决于他的阅读史。只有阅读能最有效地培养精神生活习惯，而好的习惯又培养性格，性格决定人生。

——我们自豪，因为我们就是创造这精神产品的人。

选择了飞翔，总能看到蓝天；选择了远航，总能感受大海。人生不仅要作出选择，也要坚持住自己的选择。学会计、当编辑是我的意外选择。人说编辑是为人作嫁，可是这一选择我坚持了30年，苦在其中，乐在其中，也算是有声有色。每当我把一本本好书呈献给人们的时候，我觉得我是"富贵"的人：富，不是你身上的钱财，而是你心里的满足；贵，不是你地位的显赫，而是你被人需要的程度。

书海探寻，情怀永恒

我要说，做编辑我幸运，因为我不仅是第一个读者，可以对作品"品头论足"，也可以对作品"生杀予夺"；更重要的是，这是一个有很高层次的平台，在多年与名家的交往和名著的"对话"中，深深地为他们的人格和才学所感动，被作品的精彩所吸引，这不仅使我"下笔如有神"，更使我的思想和灵魂也受到一次次洗礼和震撼，得到一次次升华。对于我的作者我的书，如数家珍，作者中不乏才学和为人同样过人的多位泰斗和"颜值高责任大"的众多才子佳人；策划的作品不仅立足专业还兼顾人文，也是情怀所在，专业加人文路才会更宽更远。

多年的体会是，作为一名编辑，起码要"三心二意"，即"责任心、细心、耐心"和"服务意识、创新意识"。要多策划一些拳头产品，用一个选题推动一个系统工程，用一个系统工程培养一个出版社品牌。给新入职编辑讲座时我做过一个比喻：编辑两项基本功，审稿——甚至要比博导审批学生论文还要全面、细致；选题策划——要像电影导演一样做"星探"，善于发现优秀作者和挖掘好的原创作品。记不清 30 年来我策划和编辑了多少书，组织和策划了大批教材、业务培训用书、通俗读物、理论专著等，有的获得过国家、省部级各类奖项，有的以其填补空白、社会热点、风格新颖、开拓尝试等特点受到读者的欢迎。正是：

一入书门情似海，

探寻经典职责在。

苦辣酸甜何其乐，

编辑人生也精彩。

想是问题，做是答案

众所周知，目前的图书出版业在行业竞争和纸质图书受到严重冲击的情况下，出版人无不感到莫大的危机。在这种背景下，我们还要积极应对，完善纸质图书的固有特质，拓宽纸媒的功能，挖掘出版内容和形式都精彩的原创作品，适应新形势下读者的更高需求。2017年至今，在新的时代环境下不断出新，我又策划了多套系列丛书和单本图书，不乏名家著作、教材、学术专著和实务丛书等，继续为扶持学术研究和总结实践最新成果，在高端研究与专业知识普及和应用之间搭建一座座有益的桥梁。

每一个时代的经济环境不同，理论研究和实务探索所需要解决的问题也有所差别。当前我国处于新的历史时期，市场环境和组织模式不断演变发展、推陈出新，经济、管理、财税等领域的新理论、新思想、新方法、新工具也层出不穷。乱花渐欲迷人眼，击水三千浪几何？这些领域的研究人员被时代赋予了更艰巨的责任，也面临着更高、更多元的要求，我们不仅要具备更广阔的学术视野，而且要有更严谨的学术思维。

输在犹豫，赢在行动

《中青年经济与管理学者文库》的作者，都是我国经济与管理领域的中坚力量，也是未来的大家。他们中有些人潜心从事理论研究，有些人则深耕在实务一线，但无论现实身份如何，视野全都没有被拘泥在"象牙塔"内。他们从不同视角对市场经济的不同要素进行细致审视，然后汇聚于"财经版"这面旗帜之下，相互碰撞，彼此激荡，力求在市场经济转型升级的关键时期留下最新鲜的"中国印记"。

这些经济与管理领域的中青年学者，就是我国市场经济发展的潜力与优势，他们的研究成果，不仅将引领市场经济的各个组成环节向更科学、更先进的方向发展，而且将成为我国政府和企业在未来经济世界扮演更重要角色的支点与动力。祝愿这些中青年学者能攀上更高的学术之山，走向更远的研究之路，也期待宏观、中观、微观各个层面的市场参与者都能从这套文库中得到切实的启发与指引，在全面深化改革、增强发展活力的关键时期，发挥正能量和积极作用，为经济社会发展增添新的动力！——这也是我策划此套丛书的初衷。

作始也简,毕也必巨

2021年,是一个非凡之年,纵观世界风云,抗击疫情"风景这边独好","十四五"规划开局,我们喜迎建党百年。"其作始也简,其将毕也必巨。"从"开天辟地""改天换地"到"翻天覆地""惊天动地",我们党经历了四个历史时期——救国大业、兴国大业、富国大业、强国大业,四件大事铸就了中国共产党百年辉煌。我们不禁感叹——风雨百年创辉煌,"天地"之间"有杆秤"。

2021年,还是一个纪念之年,出版社成立65周年和我从事编辑工作30周年。65年来,财经出版社始终坚持正确的舆论导向和鲜明的出版特色,努力为经济建设和财政工作服务,致力于为读者奉献经典作品,在中国财经出版传媒集团旗下发挥着更大的作用,取得更大的成就。作为一个有着20多年党龄的党员,我是生在新中国长在红旗下的幸运的一代,怀着对党无限的热爱和感恩,浓情做事、淡泊做人,用30年的情怀和坚守见证了出版业的转型,践行了编辑的天职,向党递交一份努力的答卷。

2017年策划出版《中青年经济与管理学者文库》至今已五年,得到了众多中青年学者的热烈响应与大力支持,文库诞生至今已囊括专著60余种,为中青年学者们提供了展示学术研究成果的平台,作者队伍不断壮大,作品陆续出版。如果您认可,如果您有意愿,欢迎您和您的朋友加盟我们的作者队伍!在中国财经出版传媒集团的"旗舰"下,中国财政经济出版社这"老字号",一定励精图治,谱写新的篇章。敬请关注"龙媒玉制新书坊"微信公众号,我们用"龙的精神,玉的品质"来助力您实现梦想!

策划人:樊清玉
邮箱:qingyuf@ sina. com
2021 年 12 月 31 日

序

党的十八大以来,习近平总书记在不同场合反复强调实体经济的重要性,并指出实体经济一定要抓在手里。党的十九大报告提出,要深化金融体制改革,增强金融服务实体经济能力。最近,党的二十大报告指出,坚持把发展经济的着力点放在实体经济上,推进新型工业化,加快建设制造强国、质量强国、航天强国、交通强国、网络强国、数字中国。这是党对发展实体经济、建设制造强国提出的部署要求。党中央高度重视实体经济发展,坚持把发展经济的着力点放在实体经济上,这是对历史经验的深刻总结、对发展规律的科学把握,为推动高质量发展提供了根本遵循、指明了前进方向。实体经济水平越高,经济实力就越强,抵御风险的能力也越强,这是现代经济发展的硬道理。

近年来,有关宏观经济与宏观金融相互关系的理论与实践的探讨比较多见,普遍认识实体经济是金融的根基,金融是实体经济的血脉,服务实体经济是金融的天职。我国经济是靠实体经济起家的,也要靠实体经济走向未来。正像习近平总书记在辽宁代表团参加审议时指出,不论经济发展到什么时候,实体经济都是我国经济发展、在国际经济竞争中赢得主动的根基。

宏观经济因素与企业金融资产配置

　　宏观经济与宏观金融的相互关系的理论与实践是微观企业发展的重要外部环境，当我们普遍认识到实体经济是金融的根基，金融是实体经济的血脉时，这一重要机理如何融合到公司金融策略中去呢？我的学生吴娜教授审时度势、思路敏捷，准确地确定了该研究主题的切入点，即企业金融资产的配置问题。作为全社会经济发展基点的企业经济，在国家宏观经济政策与发展的环境下，如何优化公司金融策略以服务于企业做优、做强，合理配置企业金融资产、合理抑制企业金融资产膨胀，是很值得深入探讨的一个重要选题。该著作深入并具体地探讨了宏观经济因素对企业金融资产配置的影响，具体的影响从静态分析和动态分析两个方面展开。

　　第一个静态分析构建了不同货币政策下，影子银行对企业金融资产配置的影响模型，证明了影子银行的发展会导致企业金融资产配置增加。这个结论在于丰富了企业金融资产配置的影响因素研究以及金融创新对微观企业行为的研究，为国家加强影子银行监管、制定货币政策引导企业"脱虚向实"提供了重要的经验证据。第二个静态分析研究了市场化改革速度对企业金融资产配置的影响。研究发现：在经济转型攻关期，提高市场化改革速度会增加企业金融资产配置。这个结论有利于充分认识制度环境变迁对企业投资的影响，同时对于不同产权性质、地区和行业的企业如何在不同的市场化改革速度下合理配置金融资产，引导金融资产投资回归实体经济具有一定的借鉴意义。第三个静态分析考察中美贸易摩擦、企业家精神对企业金融资产配置的影响。研究发现：中美贸易摩擦显著提高了企业金融资产配置；企业家精神对中美贸易摩擦与企业金融资产配置起到了部分中介作用；产权性质以及是否为出口企业显著调节了企业家精神对中美贸易摩擦与企业金融资产配置的中介作用。即当企业为国有企业或出口企业时，企业家精神对企业金融资产配置的抑制作用减弱。这个研究结论揭示了中美贸易摩擦对微观企业金融资产配置的影响路径以及中美贸易摩擦下企业家精神对金融资产配置的治理作用,为制定外贸政策、弘扬企业家精神从而化解企业脱实向虚提供了经验证据。

动态分析方面构建了不同营商环境下的企业家精神与金融资产的动态协同模型,证明了企业存在目标金融资产,且会向目标金融资产进行动态调整;这个研究结论在于从"化解超配、提高反哺"视角拓展了企业金融资产动态调整的理论边界,为改善我国营商环境、弘扬企业家精神、缓解脱实向虚提供了政策参考值。

吴娜教授多年来一直致力于企业营运资本的问题研究,研究成果丰硕,在这个领域具有深厚的学术造诣和科研水平,使这本学术著作的特色非常显著。该著作的创新之处在于:(1)本著作改变了以往从微观视角研究企业金融资产配置,转而从宏观经济因素视角对其进行研究;(2)本著作构建了新兴市场经济体制下的宏观经济因素与企业金融资产配置的相机协同选择理论框架体系,开拓了企业金融资产动态调整的理论研究。

我的学生吴娜教授与其团队成员在完成本著作的过程中,所表现出的严谨的科学态度和深入认真的科研精神,使我感到由衷的高兴和钦佩,故欣然提笔为此作序。

天津财经大学教授、博士生导师

2022 年 11 月 8 日于天津

前言

  宏观经济因素与企业金融资产配置是研究和化解企业脱实向虚,从而提高资源配置效率的重要基础理论,也是现实中优化我国宏观环境以弘扬企业家精神亟待解决的重要问题。

  如何通过营造良好的宏观经济环境,从而优化企业金融资产配置,是国家在"高质量经济发展"过程中提出的重要设问。在新形势下,国家亟须在推动经济修复和动能转换中寻找新的平衡点,而对于脱实向虚的治理,更重要的是如何营造引领企业家精神配置到生产活动的宏观环境。因此,如何科学地认识推动制造业企业金融资产不断膨胀的因素所在,哪些宏观经济因素对"金融资产膨胀"是否具有约束效应?如何构建宏观经济因素与企业金融资产配置的微观路径?以及如何刻画宏观经济因素影响企业金融资产配置的"超配—反哺"这一动态配置过程?便成为理解和改善我国宏观经济环境、缓解脱实向虚的重要理论基础。

  研究结论如下:

  在静态分析方面:首先,基于我国沪深 A 股制造业上市公司 2012—2018 年季度财务数据,构建了不同货币政策下,影子银行对企业金融资产配置的影响模型,证明了影子银行的发展会导致企业金融资产配置增加；在不同货币政策下，影子银行发展对企业金融资产配置的影响不同，即在紧缩货币政策下，影子银行发展对企业金融资产配置的增加效果更为显著。进一步研究发现，影子银行与金融资产的正相关关系在高融资约束企业、高风险企业中更为显著；相较于短期金融资产，影子银行发展会显著增加企业的长期金融资产。研究意义在于丰富了企业金融资产配置的影响因素研究以及金融创新对微观企业行为的研究，为国家加强影子银行监管、制定货币政策引导企业"脱虚向实"提供了重要的经验证据。

其次，基于2009—2016年沪深两市A股非金融上市公司的数据，研究了市场化改革速度对企业金融资产配置的影响。研究发现：市场化改革速度与企业金融资产配置呈倒"U"形关系，即在经济转型攻关期，提高市场化改革速度会增加企业金融资产配置，而当改革速度到达某一临界值时，提高改革速度会降低金融资产的持有水平。进一步研究发现，这种倒"U"形关系在东部地区、国有企业和非技术密集型企业中更为显著。研究有利于充分认识制度环境变迁对企业投资的影响，同时对于不同产权性质、地区和行业的企业如何在不同的市场化改革速度下合理配置金融资产，引导金融资产投资回归实体经济具有一定的借鉴意义。

最后，基于2009—2020年沪深两市A股制造业上市公司数据，考察中美贸易摩擦、企业家精神对企业金融资产配置的影响。研究发现：中美贸易摩擦显著提高了企业金融资产配置；企业家精神对中美贸易摩擦与企业金融资产配置起到了部分中介作用；产权性质以及是否为出口企业显著调节了企业家精神对中美贸易摩擦与企业金融资产配置的中介作用，即当企业为国有企业或出口企业时，企业家精神对企业金融资产配置的抑制作用减弱。研究揭示了中美贸易摩擦对微观企业金融资产配置的影响路径以及中美贸易摩擦下企业家精神对金融资产配置的治理作用，为制定外贸政策、弘扬企业家精神从而化解企业脱实向虚提供了经验证据。

动态分析方面：基于我国制造业上市公司2008—2018年非平衡面板数据，构建了不同营商环境下的企业家精神与金融资产的动态协同模型，证明了企业存在目标金融资产，且会向目标金融资产进行动态调整；生产性企业家精神显著提高了企业金融资产向最优水平的调整速度，而非生产性企业家精神抑制了其向最优水平的调整速度；营商环境与企业家精神对金融资产调整速度的协同影响为正。营商环境子环境诚信环境下的生产性企业家精神对金融资产的收敛加速效应更强；法治环境下的非生产性企业家精神对金融资产的收敛减速效应更弱。研究意义在于从"化解超配、提高反哺"视角拓展了企业金融资产动态调整的理论边界，为改善我国营商环境、弘扬企业家精神、缓解脱实向虚提供了政策参考值。

本书第1章由吴娜教授完成；第2章由吴娜教授、白雅馨博士研究生和樊瑞婷硕士完成；第3章由吴娜教授、于博副教授和樊瑞婷硕士完成；第4章由吴娜教授、白雅馨博士研究生完成；第5章由吴娜教授、白雅馨博士研究生、刘聪慧硕士和于博副教授完成；第6章由吴娜教授、于博副教授、白雅馨博士研究生和樊瑞婷硕士完成；第7章由吴娜教授完成。在此，向本书引用成果的所有作者以及对本书提供宝贵修改意见的天津财经大学盖地教授、韩传模教授、程新生教授、于立教授、彭正银教授、刘志远教授、郝颖教授、祝继高教授和陈运森教授深表感谢！最后，感谢中国财政经济出版社编辑们的辛勤付出！

由于研究精力所限，本书的研究内容很可能存在一些纰漏和不足之处，敬请各位专家、学者和读者批评指正。

吴娜

2022年11月8日

第1章 导 论	（ 1 ）
1.1 研究背景	（ 1 ）
1.2 研究意义	（ 2 ）
1.3 研究目的	（ 3 ）
1.4 研究框架	（ 4 ）
1.5 研究方法	（ 4 ）
1.6 创新点	（ 5 ）
第2章 相关概念与基础理论	（ 6 ）
2.1 相关概念	（ 6 ）
2.2 基础理论	（ 12 ）
第3章 影子银行、货币政策与企业金融资产配置	（ 21 ）
3.1 引言	（ 21 ）
3.2 文献综述	（ 23 ）
3.3 理论分析与假设提出	（ 26 ）
3.4 研究设计	（ 28 ）
3.5 实证结果与分析	（ 33 ）
3.6 稳健性检验	（ 37 ）

1

3.7 进一步分析 …………………………………………（47）
3.8 结论与建议 …………………………………………（54）

第4章 市场化改革速度与企业金融资产配置 …………（55）
4.1 引言 …………………………………………………（55）
4.2 文献回顾与研究假设 ………………………………（57）
4.3 研究设计 ……………………………………………（66）
4.4 实证结果分析 ………………………………………（71）
4.5 稳健性检验 …………………………………………（80）
4.6 作用机制检验 ………………………………………（82）
4.7 结论与启示 …………………………………………（93）

第5章 中美贸易摩擦、企业家精神与企业金融资产配置
　………………………………………………………（95）
5.1 引言 …………………………………………………（95）
5.2 文献综述 ……………………………………………（97）
5.3 理论分析与研究假说 ………………………………（99）
5.4 研究设计 …………………………………………（101）
5.5 实证结果及分析 …………………………………（105）
5.6 进一步分析 ………………………………………（122）
5.7 结论与建议 ………………………………………（129）

第6章 营商环境、企业家精神与企业金融资产的动态调整 …………………………………………………（131）
6.1 引言 ………………………………………………（131）
6.2 文献综述 …………………………………………（134）
6.3 理论分析 …………………………………………（137）
6.4 研究设计 …………………………………………（141）
6.5 回归结果 …………………………………………（147）
6.6 稳健性检验 ………………………………………（155）
6.7 进一步分析 ………………………………………（175）

6.8 结论与启示 …………………………………………（185）
第7章 研究结论 ……………………………………………（187）
　　7.1 静态分析下的研究结论 ………………………………（187）
　　7.2 动态分析下的研究结论 ………………………………（188）
参考文献 ………………………………………………………（189）

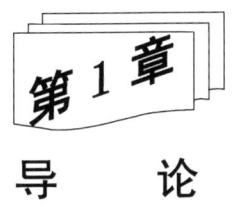

第1章 导　论

1.1　研究背景

宏观经济因素与企业金融资产配置是研究和化解企业脱实向虚，从而提高资源配置效率的重要基础理论，也是现实中优化我国宏观环境以弘扬企业家精神亟待解决的重要问题。当前，由于实体经济的投资环境不佳，越来越多的制造业企业减少了对生产性资产的投资，而把资本配置在金融资产上（张成思和张步昙，2015），表现为资本从实体经济流向虚拟经济，进而导致实体经济低迷与虚拟经济膨胀并存，即经济"脱实向虚"（向松祚，2015）。2017年以来，中国经济最大的结构问题就是脱实向虚（管清友，2018），金融资产总量的不断膨胀，导致实体经济进一步恶化，整体经济不平衡进一步加剧，阻碍了金融和实体经济的协同发展，其根本原因是缺乏良好的宏观经济环境。为此，习近平总书记于2020年7月21日在企业家座谈会上要求营造市场化、法制化、国际化营商环境。

由此可见，如何通过营造良好的宏观经济环境，从而优化企业金融资产配置，是国家在"高质量经济发展"过程中提出的重要设问。在新形势下，国家亟须在推动经济修复和动能转换中寻找新的平衡点，而对于脱实向虚的治理，更重要的是如何营造引领企业家精神配置到生产活动的宏观环境。因此，如何科学的认识推动制造业企业金融资产不断膨胀的因素所在？哪些宏观经济因素对"金融资产膨胀"是否具有约束效应？如何构建宏观经济因素与企业金融资产动态协同的微观路径？以及如何刻画宏观经济因素影响企业金融资产配置的"超配—反哺"这一动态配置过程？便成为理解和改善我国宏观经济环境、缓解脱实向虚的重要理论基础。然而，现有文献研究了影响企业"脱实向虚"的诱因（苏治等，2017；王爱俭等，2020；王永钦等，2016；戴泽伟和潘松剑，2019；干胜道等，2018；杜勇等，2019；赵健，2018）、经济后果（Aalbers，2008；阿瑞吉，2001；Dore，2008；Krippner，2005；舒鑫和于博，2020）、治理机制（胡宁等，2019）和传染机制（王营和曹廷求，2017）等方面，却忽视了宏观经济因素对企业金融资产配置的影响。由于现有研究大多从公司多元化战略、客户集中度、杠杆率、市场竞争力、企业社会责任、金融部门人力资本配置水平等视角研究金融化的"微观"成因。因此，本书分别从静态分析了影子银行、货币政策、市场化改革速度和中美贸易摩擦对企业金融资产配置的传导机理，并从动态分析了营商环境对企业金融资产动态调整的影响，丰富了现有研究视角。

1.2 研究意义

本章的理论贡献在于从静态和动态两个视角构建了新兴市场经济体制下的宏观经济因素与企业金融资产配置的相机协同理论框架和体系；对社会契约论、融资约束理论和权衡理论是一种重要的补充，为国家宏观经济政策的制定提供了重要的政策依据。

本章的实际应用价值体现为：①为企业金融资产动态调整理论及其影响因素和调整路径分析提供了来自不同宏观经济因素视角下的经验证据；对化解企业脱实向虚和防范金融风险具有重要的参考

价值。②为理解不同企业金融资产投资过度膨胀的修正作用,进而改善宏观经济环境提供了政策参考。③为企业在不同的宏观经济因素下,提供了基于不同企业金融资产超配与反哺的动态配置预测参考值。

1.3 研究目的

研究目标主要包括以下几个方面:

(1)对于实体企业而言,其金融资产投资水平究竟由哪些宏观经济因素决定、是否存在最优规模、其自我膨胀的机理何在,企业家精神是否对"金融资产膨胀"具有约束效应。

(2)结合社会契约论、创新理论、金融加速器理论、融资约束理论、信贷配给理论和权衡理论,在剖析宏观经济因素对企业金融资产配置的联动机理与传导路径的基础上,对不同宏观经济因素对各个不同行业的企业金融资产配置的影响机理进行深入剖析,发现其中的规律以及需要解决基础理论问题,将宏观经济政策因素融入目标金融资产模型构建中。

(3)在不同的宏观经济因素下,企业的金融资产是否倾向于向目标金融资产收敛,超配的金融资产投资是否具有向最优金融资产投资规模回归的反哺趋势。

1.4 研究框架（见图1-1）

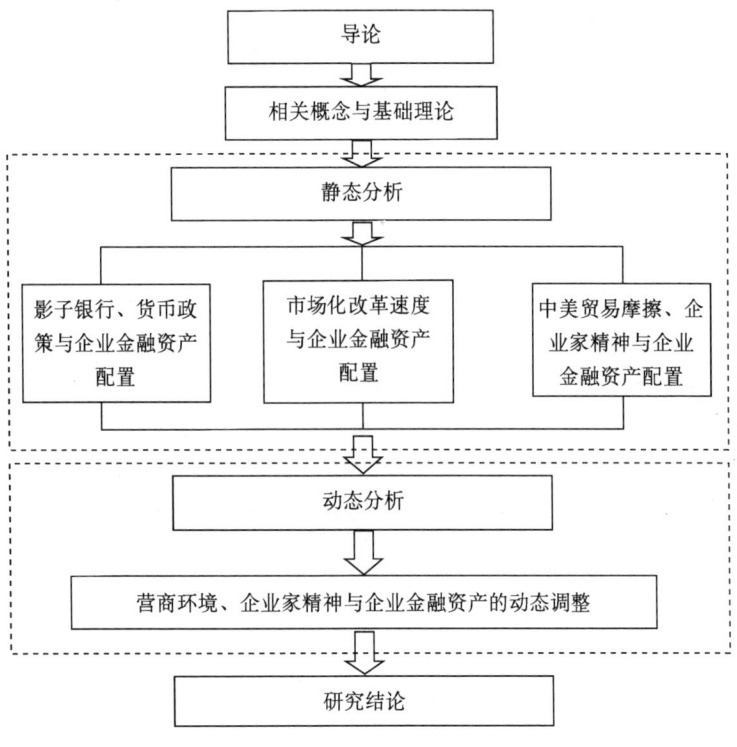

图1-1 研究框架

1.5 研究方法

本书采用的研究方法主要有：

（1）文献归纳法。在全面收集宏观经济因素、企业家精神、金融资产等文献资料的基础上，采用文献归纳法，从静态和动态视角，导入各个宏观经济因素与企业金融资产配置的联动传导机理。

(2) 经济计量方法。在对各个宏观经济因素与企业金融资产配置的传导路径的检验中，对其静态分析使用 IV/G2SLS、IV/GMM，动态分析使用 SYSTEM－GMM 估计。

(3) 统计调查及统计分析。利用国泰安 CSMAR 数据库、Wind 数据库和从政府部门网站、中国人民银行网站和统计年鉴等手工收集相关数据资料，对我国各个宏观经济因素与企业金融资产配置进行全面的统计分析。

1.6 创新点

(1) 研究视角上的创新：首先，本书从宏观经济因素视角而不再局限于微观视角研究企业金融资产配置是一种创新；其次，本书从动态的视角研究企业金融资产的动态调整是一种创新。

(2) 理论上的突破：已有的研究主要从金融企业的视角对其金融资产配置进行考察，忽视了宏观经济因素对非金融企业金融资产配置的内在影响机理和作用，本书构建了新兴市场经济体制下的宏观经济因素与企业金融资产配置的相机协同选择理论框架体系是一种创新。

第 2 章 相关概念与基础理论

2.1 相关概念

2.1.1 金融资产

企业金融资产主要包括广义的金融资产和狭义的金融资产。本书结合会计准则并参考戴赜等（2018）、黄贤环和王瑶（2019）的做法，采用狭义金融资产定义，并剔除货币资金、长期股权投资、应收股利和应收利息，其原因是：货币资金和长期股权的持有既有包含生产性需求，也包含金融活动的投资需求；而应收股利和应收利息等数据缺失严重且金额较小。杜勇等（2017）对财务报表中金融资产的划分方式，包括交易性金融资产、衍生金融资产、发放贷款及垫款、可供出售金融资产、持有至到期投资和投资性房地产等科目。虽然货币资金属于金融资产，但经营活动中也使用货币资金，因此认为企业基于经营目的持有货币资金，未将货币资金列入金融资产。另外，以资本增值为目的的持有的投资性房地产具有金融资产的特征，因此将投资性房地产纳入金融资产衡量范围。因此，本书采用 Penman and Nissim（2001）提出的财务分析框架，结合黄贤环和王瑶（2019）、戴赜等（2018）的做法，剔除了货币资金和长期股权投资，只保留交易性金融资产、持有至到期投资、可供出售金融资产及投资性房地产作为金融资产的组成部分，以更好地反映企业从事金融资产投资活动。

2.1.2 影子银行

目前国内外学者对影子银行的定义并没有达成统一意见。"影子银行"的概念最初是由 Paul McCulley (2007) 提出,认为影子银行可以承担银行部分责任,但是区别于传统意义上的银行机构,影子银行从银行借来的资金进行证券化以此扩大信贷规模。Krugman (2009) 指出,影子银行是不同于传统金融机构的一种非银行金融机构,这种机构可以通过杠杆不断进行运转以此来持有更多数量的股票、债券或者期货等证券产品。Ricks (2012) 和 Pozsar et al. (2013) 均认为影子银行是一种可以将信用高低、期限长短和流动性强弱进行相互转换的金融机构。目前,对影子银行概念界定较为全面完整的是由金融稳定委员会于 2011 年公布的一份报告指出:广义的影子银行是由正规银行体系之外的机构和业务构成的信用中介体系,狭义的影子银行是指游离于银行监管体系之外、可能引发系统性风险和监管套利等问题的各种相关机构或者业务活动。

目前,影子银行在许多西方国家以及中国都在迅速发展。但是国内学者普遍认为,相对于西方国家而言,我国资产证券化刚开始发展,由于金融产品种类较为单一和杠杆的使用受到限制等特征,因此我国的影子银行更多是被作为一种融资性金融机构,提供信贷流动性,而不像国外的影子银行主要是一种以证券化为核心的交易性金融机构。业内人士认为,只要涉及借贷关系和银行表外业务则属于影子银行。李波和伍戈(2011)研究发现影子银行进入信贷市场,与传统商业银行在信用创造方面处于同等地位,但是不受传统金融部门的监督,这说明我国的影子银行更强调的是可以不受制于监管。裘翔和周强龙(2014)研究认为,我国影子银行只是作为传统银行的一种补充作用而产生的,它可以向资本市场提供信用转换、期限转换和流动性转换等服务,但主要区别是不能吸收存款、缺乏政府监管以及中央银行的支撑。2013年国办107号文界定了我国影子银行的范围：一是不持有金融牌照、完全无监督的信用中介机构；二是不持有金融牌照，存在监管不足的信用中介机构；三是机构持有金融牌照，但存在监管不足或规避监管的业务。但是这仅是官方对影子银行范围上的界定，"影子银行"的概念至今没有一个明确的界定。综上所述，关于我国影子银行的定义，大多数学者认为，我国影子银行就是一种缺乏监管、蕴含着较大风险的信贷中介。作为信贷中介机构，影子银行起着连接融资方与投资方的作用，但是其与传统金融机构的信贷业务不同，其吸收居民和企业的存款来构成金融机构负债，然后将其投向放于借款市场，进而向资金需求者提供资金形成资产。因此，本书认为影子银行是一种履行着银行职能、逃避监管的类似于银行的实体，具体包括：银行理财产品、委托贷款、信托贷款、未贴现银行承兑汇票及民间借贷等。

2.1.3 货币政策

货币政策是指政府或中央银行采取的控制货币供给量和调控市场利率的各种措施，目的在于抑制通货膨胀、实现完全就业或经济增长等目标。货币政策分为广义货币政策与狭义货币政策。广义上的货币政策是指政府机关部门做出的与货币方面相关的规章制度以及采取的对金融变量有作用的全部措施。狭义上的货币政策是指中央银行制定的可以用来控制和调节资本市场上的货币供应量或者信用量的方针和措施的概括，目的在于实现一个国家特定的经济目标。两者区别在于前者的制定者包括政府及有关部门，其往往会强制信贷规模和信贷方向，而狭义的货币政策却是通过改变一些中介变量来实现银行利率和货币供应量改变的目标，例如市场贴现率和准备金率。不同国家会结合自身政治背景和经济形势来制定不同时期的货币政策，即宽松的货币政策和紧缩的货币政策。货币政策可以通过不同的影响机制作用于企业，进而对企业的经营以及筹融资活动产生影响。

2.1.4 市场化改革速度

市场化改革是指我国从计划经济向市场经济过渡的体制改革，不是简单的一项规章制度的变化，而是一系列经济、社会、法律乃至政治体制的变革（樊纲等，2003）。市场化改革速度是指从改革开始到当前阶段改革范围与该省实现新的改革范围所需的时间间隔（Heybey and Murrell，1999），主要用该省份的实际市场化改革速度与该省份可能达到的最快市场化改革速度之比进行衡量（Banalieva et al.，2015）。

2.1.5 中美贸易摩擦

国际贸易摩擦是指在两个国家在进行国际贸易往来时，随着贸易数量的上升，一个国家的贸易利益相对上升，同时另一个国家贸易利益相对下降，从而在两国间形成的经济矛盾和经济纠纷问题（胡方和彭诚，2009）。中美贸易摩擦是指在国际贸易中，中国与美国之间在进行贸易往来的过程中，在贸易平衡上所产生的影响，是中美经济关系中的重要问题。中美贸易摩擦一直不断，2017年8月美国对华发起"301调查"，正式拉开了新一轮中美贸易摩擦的序幕，企图通过贸易战收取关税利益并让制造业回流，使中国面临的国际贸易环境愈加严峻复杂。

2.1.6 企业家精神

企业家精神是指企业家在市场经济激烈竞争环境中组织建立和经营管理企业的综合才能的表述方式，它是一种重要而特殊的无形生产要素。目前对生产性企业家精神的研究主要分为奥地利学派（认为企业家精神强调企业家对市场机会的识别能力）、新古典学派（关注企业家的风险承担和冒险精神）和德国学派（强调企业家的创新精神),本书沿袭德国学派对生产性企业家精神的诠释。Baumol(1990)指出,一个经济体能否实现长期稳定增长,关键在于善于发现和利用机会并以逐利为目标的企业家精神是更多的配置到创新创业等生产性活动中,还是更多的配置到寻租甚至犯罪等非生产性活动。

2.1.7 营商环境

(1) 营商环境的定义

已有的对营商环境概念的研究分为以下两个方面:①狭义的营商环境包含的要素比较单一,主要侧重于制度环境(如倪外,2019;张国勇和娄成武,2018;武靖州,2017)。②广义的营商环境则从多维视角诠释了营商环境:如陈太义等(2020)将营商环境界定为企业进行生产经营等活动时所处的一个综合性的系统,这个系统包含了企业面对的资源条件和各种环境约束(Benn et al., 2005; Zhang et al., 2012; Lakic and Draskovic, 2015; Ohanyan and Andronjceanu, 2017; Draskovic et al., 2017; 卢万青和陈万灵,2018; 宋林霖和何成祥,2018; 曾宪聚等,2019; 李志军等,2019; 郭鹰,2019; 刘军,2019; 陈伟伟和张琦,2019; 张三保和曹锐,2019等)。本书综合以上学者对营商环境概念的界定以及中国企业家调查系统发布的2019调研报告研究,将营商环境的定义概括为营商环境是指伴随企业活动整个过程(包括从开办、营运到结束的各环节)的各种周围境况和条件的总和,包括:影响企业活动的法治环境、诚信环境、市场环境、政务环境、生态环境、重大突发事件应对环境和数字生态环境等方面。

(2) 营商环境指数的衡量

有关营商环境指数的构建目前已有世界银行每年发布的《全球营商环境报告》、经济学人智库发布的《营商环境指数》以及安永同城市土地学会共同发布的《全球商务中心吸引力晴雨表》等权威指标。但是，由于一方面深受西方价值观的影响；另一方面，世行的排名建立在与竞争力相关的各项指标的估算评分与意见调查上，分析比较零散和主观，从而偏离了一国的实际情况（李颖轶，2020）。因此，我国学者构建了具有中国特色的营商环境评价指标体系，具体表现为：①政务营商环境评价指标体系：如彭向刚和马冉（2018）、潘勇等（2019）、许志端和阮舟一龙（2019）、段易含和麻宝斌（2020）等构建了政务营商环境评价指标体系。②政务与市场环境相结合营商环境评价指标体系：如何凌云和陶东杰（2018）构建了以政务环境和市场环境为一级指标的营商环境评价指标。③税务营商环境评价指标体系：如张景华和刘畅（2018）从缴纳税款、税收优惠、税收法治、办税时间、办税程序、办税满意度和涉税服务6个维度构建了税务营商环境评价指标体系。④法治营商环境评价指标体系：如郑方辉等（2019）从立法、执法、司法、守法4个维度构建了评价地区法治环境的营商法治环境指数；张美莎等（2019）从行政治理和法治水平构建了营商环境评价指标体系；冯烨（2020）以市场环境、法律环境、生态环境、软环境四个指标构建了法治化营商环境评估指标体系。⑤综合营商环境评价指标体系：如中国战略文化促进会、中国经济传媒协会、万博新经济研究院和第一财经研究院发布的《2019中国城市营商环境指数评价报告》，将一级指标分为硬环境指数和软环境指数；粤港澳大湾区研究院发布的《2017城市营商环境报告》将指标体系分为市场环境、商务成本环境、基础设施环境、生态环境和社会服务环境；钟飞腾和凡帅帅（2016）将营商环境评价指标体系分为经济基础环境、国际化环境、便利化环境、法治化环境和绿色法治化环境；杨传开和蒋程虹（2019）将营商环境评价指标体系分为宏观环境、营商成本和要素支撑；张三宝等（2020）将营商环境评价指标体系分为了市场环境、政务环境、法律政策环境、人文环境四个方面，并以词频作为权重予以赋值。

2.2 基础理论

2.2.1 货币政策的传导机制理论

(1) 利率传导渠道

凯恩斯提出货币政策可以直接通过利率渠道发挥作用。IS-LM 模型分析了货币市场与产品市场的联系：货币供应量上升，使实际利率下降，企业的融资成本下降，从而带动投资和消费的增加，企业产出增多；货币供应量下降，实际利率上升，企业的融资成本增加，总投资减少，企业产出减少。即中央银行可以通过改变货币供应量多少来影响利率水平，进而对资本成本产生作用，对企业的投资、研发支出等产生影响，从而实现货币政策的扩张或紧缩作用，即货币政策的利率传导渠道（Taylor, 1995）。

(2) 资产价格传导渠道

根据资产价格渠道理论，货币政策将主要通过影响各种金融资产的价格，尤其是股票的价格来传导到实体经济，从而达到货币政策的最终目标。资产价格渠道下主要有托宾 Q 理论以及财富效应论。托宾 Q 理论（Tobin, 1969）认为，货币供应量上升时，市场利率下降，此时金融资产价格上升，公司市值上升，促进公司投资和产出。财富效应论则不同于托宾理论从经济主体的财富增减变化出发。根据财富效应论，货币政策通过影响股票价格来对经济主体金融财富的增加或者减少产生作用，支出的意愿随之增加或减少，从而引起国民收入的变化。具体来说，货币政策宽松时，投资者倾向于收益率高的股票，市场需求的增长会造成股票价格的上升，而股票持有者财富的增加，使消费支出增加。

(3) 信贷传导渠道

Bernanke and Blinder (1988) 提出的信贷传导渠道是一种狭义信贷渠道，原因在于这种渠道的传导机制仅强调了银行在信贷市场中的作用，而忽视了企业和消费者的作用。该渠道指出：实施货币政策可以改变银行信贷供给，影响企业的贷款成本和规模，进而影响企业的投资和生产，最终影响经济总产出，以实现宏观经济调控。货币政策主要通过调整银行准备金来影响银行发放给企业的贷款额度。当货币政策宽松时，即银行准备金低时，银行存款增加，银行能放出更多的贷款，此时较低的融资成本会促进企业更倾向于贷款进行投资。而 Bernanke and Gertler (1995) 提出的广义信贷渠道也称为资产负债表渠道，其认为由于市场的不完全性和信息不对称等问题，当资产负债表状况改善时，会使逆向选择和道德风险问题得到缓解，企业的借款成本将下降。货币政策宽松时，市场的实际利率将会下降，导致企业资产价格上升，资产负债表得到改善。

2.2.2 金融抑制和金融深化理论

美国经济学家罗纳德·麦金农和爱德华·肖于20世纪70年代分别提出的金融抑制论和金融深化论，主要是针对发展中国家现状提出的，目的是研究金融发展与经济增长的关系。金融抑制就是指政府通过对金融活动和金融体系的过多干预抑制了金融体系的发展，而金融体系的发展滞后又阻碍了经济的发展，从而造成了金融抑制和经济落后的恶性循环（李晓龙和冉光和，2018）。在金融抑制下，对生产性项目或高风险项目来说，要么得不到贷款，要么借助于信贷配给，而银行只能选择对自身安全的项目。因此，对于生产企业来说，很难通过传统商业银行得到资金，只好求助于信贷市场。而金融深化论的实质就是政府应放弃对金融市场和金融体系的过分干预，放松对利率和汇率的控制，并有效地抑制通货膨胀，使金融和经济形成相互促进的良性循环。基于金融深化论，Hellman et al. （1997）提出了金融约束的概念，指的是在宏观经济环境稳定、通货膨胀率较低的市场环境中，政府对存贷款条件、实际利率维持在正利率的条件下的一系列对经济增长的政策。金融约束也是金融抑制、金融深化的一个过渡性政策（仇娟东等，2011）。影子银行本身就是银行在金融抑制环境下自发产生的金融创新产品（封思贤和张瑶，2015），在一定程度缓解了金融抑制的程度，为企业提供了必要的流动性缓冲，缓解了企业融资困难问题。

2.2.3 金融加速器理论

Bernanke and Gertler et al.（1996）在 Fisher（1933）的基础上，首次提出了"金融加速器"理论，其定义为由信贷市场的条件变化导致的初始冲击被放大的效应。由于借贷双方信息不对称，使借贷活动存在成本，任何对经济的冲击都会影响企业的净值，而企业资产负债状况的改变能够引起投资支出和产量变化，从而造成经济波动（宋泓明等，2003）。金融加速器机制的重要特征是具有双重不对称特点：资产负债表对公司投资的影响在经济下降时期比繁荣时期大，对小公司的作用比大公司的作用大（吴建环等，2004）。

2.2.4 委托—代理理论

基于非对称信息博弈论的基础上的委托—代理理论是制度经济学契约理论的主要内容之一，该理论重点考察由于公司的所有权、控制权分离引起的经理人员的动机问题。其假设代理人具有以牺牲股东利益来增加自己财富的机会主义倾向。委托—代理理论认为，企业代理问题主要来自两方面的原因：一是委托人和代理人的效用函数不一致。委托人以利润最大化为主要目标，而代理人的目标则是个人效用最大化，其追求的既有货币收入，又有非货币收入。在没有有效的制度安排下，代理人很有可能会偏离委托人目标去追求自身目标的实现。另一个原因是信息不对称。在信息不对称的情况下，委托人难以直接观察或不能完全观察到代理人的行为。由于代理人的机会主义倾向就会做出损害委托人利益而有利于实现自身效用最大化的事情。这两个方面是代理问题产生的主要原因。由代理问题所导致增加的成本称为代理成本。委托—代理理论的主要目标就是设计各种机制来降低代理成本，实现激励相容。因此，处于市场化进程越高的地区，企业内部的管理制度越健全，相应的使所有者与经理人员之间的信息不对称越少。

2.2.5 融资优序理论

建立在完美资本市场假设之下的 MM 理论认为，资本市场信息是完全的，企业内部资本和外部资本可以完全替代。然而，这一假设在现实环境中并不成立，信息不对称的客观存在必然使外部资金提供者承担较大风险，出于谨慎性原则外部投资者会严格审查企业的盈利能力、偿债能力和发展潜力，进而提高了企业的融资成本。相比之下，企业内部融资成本较低、限制较少、简单快捷。因此，Myers and Majluf（1984）考虑了企业经理人与股东之间的信息不对称问题，建立了融资优序理论。融资优序理论表明企业偏好内部融资，外部融资时优先考虑资本成本居中的债务融资，如发行债券、向银行贷款等模式，而中小企业通常不具有单独发行债券资质，由于信息不对称性较高以及资产抵押性较低，如果影子银行融资成本低于股权融资成本，企业有可能采用影子银行进行融资。

2.2.6 美林投资时钟理论

美林证券于 2004 年正式公布了"投资时钟理论"。美林投资时钟理论是一种将"资产""行业轮动""债券收益率曲线"以及"经济周期四个阶段"联系起来的资产配置方法。美林投资时钟理论按照经济增长与通胀的不同搭配，将经济周期划分为复苏、过热、滞胀、衰退四个阶段，每个阶段有一个特定的资产可以获得超过大市的超额收益。进一步，该理论运用到企业资产配置范畴，并将企业资产划分为经营性资产与非经营性资产，美林投资时钟理论认为，在不同宏观因素背景下，经营性资产（包含经营性运营资产）与非经营性资产（包含金融资产）收益表现出此消彼长的关系，资金会在经营性资产和金融资产之间作出竞争性选择。

2.2.7 创新理论

经济学家熊彼特（1921）首次从经济学视角提出了"创新理论"，强调企业创新具有周期性和经济冲击效应。该理论主要具有以下几个基本观点：①创新是生产过程中内生的；②创新是一种"革命性"变化；③创新同时意味着毁灭；④创新必须能够创造出新的价值；⑤创新是经济发展的本质规定；⑥创新的主体是企业家。在熊彼特看来，企业在追逐垄断利润的过程中，对生产要素重新组合，引致经济体系从一个均衡走向另一个均衡，在这一动态过程中，创新不断地从内部破坏旧的经济结构而代之以一种新的经济结构——创造性破坏（苗文龙等，2019）；而创新活动之所以发生，是因为企业家作为资本主义"灵魂"的职能就是实现创新。

2.2.8 寻租理论

经济学家克鲁格（1974）首次提出"寻租"概念。随后，巴格瓦蒂（1982）将寻租活动界定为寻求直接非生产性利润的活动。从社会福利角度来看，经济人追求自身经济利益活动大致可分为两类：第一类是对生产性利润的追求；第二类是寻租（贺卫和王浣尘，1999）。所谓寻租是指经济人利用经济扭曲谋取个人利益最大化行为（郝群，2000），从而有损社会福利。寻租理论在一定程度上可以揭示当寻租活动存在的情况下，有多少社会资源被运用于非生产性的寻租活动，从而导致非生产性的浪费，降低资源配置效率。

2.2.9 融资约束理论

MM 认为，在完美的资本市场市场上股利政策和融资决策都是没有任何作用的，企业资本结构不会对企业融资决策产生显著影响（Modigliani and Miller，1958），即企业内部融资与外部融资可以相互替代。然而，在现实中资本市场是不完备的，由于信息不对称和代理问题的存在，企业外部融资会受到越来越多的限制，从而使企业更难从外部金融市场获得资金，或需要付出更高的融资成本来获得资金。融资优序理论是指当企业存在融资需求时，其融资决策通常会遵循一定的次序，即企业首先选择内源融资，其次会选择债务融资，最后选择股权融资，以使企业承担的融资成本最小化（Myers and Majluf，1984）。因此，当企业拥有充足的内部资金将会缓解企业面临的融资困境。而金融资产具有双重属性，既是一种流动性贮藏工具，也是一种投资机会（彭俞超等，2018）。当企业面临资金短缺时，由于金融资产具有较强的流动性，企业能够及时出售金融资产以获得资金补充（彭俞超等，2018），以减少资金链断裂对生产经营的负面冲击（Opler et al.，1999），降低经营风险。此外，当企业资金充裕时，也可以将闲置的资金投资于金融领域以获得超额收益。

2.2.10 权衡理论

权衡理论是关于公司资本结构的理论，后来随着研究的进展，学者们将其运用到现金持有水平的研究上，并在此基础上建立和发展了现金持有量的静态权衡理论（Kraus and Litzenberge，1973；Kim et al.，1998）。权衡理论认为，企业出于交易性动机和预防性动机而持有现金，但是过多的现金持有会产生机会成本，过少的现金持有则会产生交易成本，因此，企业要在机会成本和交易成本二者之间进行权衡，以确定企业的目标现金持有量。相应地将权衡理论拓展到金融资产领域，企业同样需要权衡机会成本和交易成本以确定一个目标金融资产持有量。企业持有金融资产时既存在交易成本又存在机会成本，管理者通常会权衡两种成本从而确定一个目标持有水平；同时企业金融资产的配置行为具有不同的动机，当企业出于投机动机持有金融资产时，会对实体经济产生"挤出"效应；而当企业出于预防性动机持有金融资产时，会对实体经济产生"反哺"效应。因此，企业也会权衡以上两种动机，以达到金融资产最大效用。

2.2.11 投资组合理论

投资组合选择是在一定的最优准则和约束条件下，将财富分配给不同的资产，从而达到分散风险、确保收益、效用最大化的目的。Markowitz（1952）首次准确地界定了投资管理中风险与收益的基本概念，并将风险和收益作为描述合理投资目标的两个不可或缺的要素。投资组合理论在证券市场上得到了广泛的应用，但随着其发展，基于期望效用最大化模型和收益—风险模型的投资组合理论已被广泛的应用于投资组合中各主要资产类型的优化配置，并在实践中被证明是行之有效的。企业投资可以简化为创新投资和金融资产投资两类，并认为企业在一定时期内，存在投资结构的稳态（吴非等，2019）。当然，企业投资并非是一个"研发创新项目—金融资产项目"非此即彼的选择，而是这两类项目组合的一个最优化问题。企业对于二者的选择，取决于创新投入与金融资产的调整成本和投资收益的大小。因此，企业为了追求投资组合所得的最大效益，会权衡二者的投资比例。

2.2.12 预防性储蓄理论

凯恩斯（Keynes，1936）在研究货币政策相关理论分析货币需求时提出了"预防性储蓄理论"，它是由不确定性或未知风险引起的。该理论是指企业为了应对宏观经济环境和生产经营过程中某些不确定因素而持有现金。企业出于预防性动机持有的现金可以使企业预防未来的不时之需,这种动机在现金流不确定和融资约束较高的企业中更为显著(Opler et al., 1999; Almeida et al., 2004)。进一步地,将"预防性储蓄理论"运用到金融资产领域,主要表现为"蓄水池"效应。"蓄水池"效应是指企业可以根据企业未来投资的需求追加或者减持金融资产,从而达到规避未来风险和反哺实体主营业务的目的。Smith and Stulz (1985)、Stulz (1996) 研究发现企业配置金融资产发挥了"蓄水池"作用,企业在盈余时购买金融资产,在资金短缺时出售,以满足资金的需求,进而促进了企业实体投资。Denis et al. (2010) 研究发现企业持有金融资产可以获得更多可利用的资金,缓解企业融资约束,进而促进企业主业投资。胡奕明等(2017)研究发现企业配置金融资产更多的出于"预防性动机",这种动机在未来成长性较多的企业中更为突出。

2.2.13 投机动机理论

投机动机是指人们为了抓住各种有利的市场投资机会而储备的现金余额,以获取更大的利益。管理者出于投机性动机而持有货币,源于货币的流动性,但对这种流动性偏好会随着他们对未来形势的估计而发生变化。相应地,将"投机动机理论"运用到金融资产领域,主要表现为"挤出"效应。"挤出"效应是指企业在一定时期内,资源是有限的,金融投资与实体投资是一种替代关系(Tobin, 1965)。Seo et al. (2012)、Akkemik and Ozen (2014) 认为,企业持有较多的金融资产会抑制企业实体投资,进而产生"挤出"效应。戚聿东和张任之(2018)基于金融资产不同持有动机,研究发现投机动机较强的企业,金融资产持有水平越高,企业价值越低。黄贤环等(2018)通过对金融资产持有期限进行划分,发现企业持有长期金融资产则会降低主业投资,增大企业财务风险。由此可知，当金融利润率相比于实物报酬率利差不断扩大时，管理层基于投机动机更倾向于投资金融资产以获得高额投资收益。

2.2.14 交易成本理论

Mian and Smith（1992）为了满足股东的需要而取得或者提供相关的信息是需要交易成本的，只有预期收益会超过成本的项目，企业才会进行投资以取得最大的边际利润。因此，在进行营运资本投资时，企业会权衡投资在营运资本上的边际利润与投资在其他潜在项目上的边际利润，在经济繁荣时期，由于营运资本的边际利润较小，因此企业对营运资本管理的投资非常有限。

2.2.15 资产配置理论

资产配置通常是指投资方综合考量期望风险和收益，根据自身投资需求，将资金配置于不同的资产类别或资产组合的行为。根据管理者风险偏好，资产配置的载体通常为各类风险和收益的有价证券组合和固定资产、无形资产等维持企业生产运营的资产组合。通常在进行资产的投资过程中，应当经历计划、实施和反馈优化三个阶段，其中投资计划，即确定投资组合和进行权重分配，是资产组合管理决策过程中的重要步骤。资产配置方案的成功与否取决于管理人对资产配置本质的理解以及对资产和负债、股票收入和固定收入之间投资比例、市场行情、行业政策等问题有足够的理解深度。资产配置的方法途径多种多样，可以通过多种金融产品的组合，或是期货、期权等衍生品来不断改善资产的配置效果，增强资产配置的灵活性来应对多变的外部环境，分散单一资产投资风险以适应不同市场、不同客户群体的投资要求。资产配置理论主要有基于规避风险的配置策略、基于获取收益的配置策略、基于平衡收益和风险的配置策略、基于经济周期的配置策略、基于因子的配置策略等配置方法（张佳佳，2020）。

第3章 影子银行、货币政策与企业金融资产配置[①]

3.1 引 言

近年来，我国经济发展进入新常态，制造业的发展正处于中高速增长阶段。但是，我国实体投资回报率不断下降，大量实体企业开始背离主业进入金融行业，以制造业为主的实体企业金融资产配置现象日趋明显，即大量的资金涌入房地产、金融等资金回报率较高的行业，国内制造业等实体经济发展停滞。2017年中央经济工作会议明确指出："健全金融监管体系，重点是防控金融风险。"如果"脱实向虚"问题得不到有效解决，不仅会使金融风险不断增加，而且还会动摇制造业等实体经济的根基。因此，深入研究企业金融资产配置行为，对有效抑制实体企业金融资产配置和防范金融风险具有重要意义。

面对当前经济形势，党的十九大报告指出，要"深化金融体制改革，增强金融服务于实体经济的能力，健全货币政策和宏观审慎政策双支柱调控框架，完善金融监管体系"。然而，近几年，由于我国货币供给量增速过快，一方面导致企业过度投资出现了产能

---

① 第3章的部分内容引自吴娜，于博，樊瑞婷，2020. 影子银行、货币政策与企业金融资产配置[J]. 现代财经（天津财经大学学报）（11）：3-20.

过剩的问题，使实体投资回报率较低；另一方面随着影子银行规模的不断扩大，其在缓解企业融资困境的同时，由于监管不足造成的监管套利问题也不断涌现，使企业的融资成本和融资风险不断增加（徐军辉，2013；王蕾等，2015），大量的货币供给没有流入以制造业为代表的实体经济，反而在金融体系内空转，从而加剧了制造业"脱实向虚"的现象。

因此，要想提高我国企业资金的使用效率，关键要解决好"脱实向虚"问题，持续清理金融体系内部的资金空转。为此，监管部门频频发声并相继出台相关政策以防止影子银行的过度发展，并引导资金流入实体经济。基于以上背景，本章从影子银行这一视角研究其对企业金融资产配置的影响，并结合宏观货币政策来探讨其对两者之间的调节作用，旨在为深化金融供给侧结构性改革、缓解企业"脱实向虚"，增强金融服务实体经济能力提供重要的经验证据。

本章的潜在贡献为：首先，已有研究从经济政策不确定性（彭俞超等，2018）以及经济周期（苏治等，2017）来研究企业金融资产配置行为，鲜有文献从影子银行这一视角研究企业金融资产配置问题。因此，本章以影子银行为切入点，研究影子银行发展对企业金融资产配置的影响，丰富了金融资产影响因素的理论研究和金融创新影响微观企业行为方面的文献；其次，本章探究了不同货币政策下影子银行对企业金融资产配置的作用机理，丰富了宏观经济政策对企业微观主体行为的理论研究。

3.2 文献综述

3.2.1 企业金融资产配置的影响因素

目前关于金融资产配置的影响因素研究主要是从外部宏观环境和企业内部特征两个视角展开：关于宏观环境与企业金融资产配置学术界尚未达成一致观点：国外学者 Demir（2009）认为，在宏观经济环境波动不断加剧的情况下，企业更倾向于投资短期内可转换的金融资产。而国内学者江春等（2013）和刘贯春等（2019）研究发现由于宏观经济的不稳定性会导致金融资产具有非常高的实际收益率，因此非金融企业会基于投机目的会配置较多的金融资产；而彭俞超等（2018）认为，企业在逐利动机下，经济政策不确定性越高，其金融资产配置行为将会得到显著抑制。可见，学者们基于不同的金融资产配置动机发现经济环境的不确定性对其产生相同的影响。从企业内部特征来看，现有文献主要从企业高管特征来研究其与金融资产持有水平的关系。许罡（2018）研究发现具有投行背景高管对投资信息理解更加透彻，能够更准确的把握企业面临的投资机会，其公司更倾向于金融资产配置。杜勇等（2019）基于烙印理论，研究表明具有金融背景的 CEO 会加大对金融资产配置。而杜勇和周丽（2019）认为，具有学术背景的高管会减少对金融资产的配置。可见，不同背景的高管对企业金融资产配置行为具有异质性。

3.2.2 影子银行与企业金融资产配置

目前关于影子银行与企业金融资产配置的研究主要集中在影子银行与现金持有、投资性房地产等金融资产要素之间的互动关系上。影子银行与现金持有研究方面：目前于泽等（2017）结合我国货币政策来分析影子银行业务对企业现金持有的影响，研究表明为了避免货币政策变化带来的数量化监管，商业银行利用影子业务来增加信贷规模，只向大规模企业配置信贷资源，而不向小企业供给现金进而导致这些企业没有资金进行投资，这将容易引发资金供给与需求不匹配，出现金融错配。影子银行与投资性房地产研究方面：由于投资性房地产具有较高的投资回报率，使影子银行中大部分资金流向房地产行业（卢琼佩，2015）；此外，影子银行也推动了房地产投资规模的扩张（马亚明等，2018），即影子银行规模越大，房地产投资额也越大（贾生华等，2016）。

3.2.3 货币政策与企业金融资产配置

货币政策影响企业的融资和投资行为主要通过影响企业的融资成本和规模（李顺彬和田珺，2019），而金融资产作为企业重要的投资行为，也会受到货币政策的影响。然而，有关货币政策与企业金融资产配置行为学术界尚未达成一致观点。一方面，学者们认为宽松的货币政策促进了企业金融资产配置行为。如：张成思等（2016）、胡奕明等（2017）研究发现宽松的货币政策并没有提高企业的实业投资，反而促进企业配置更多的金融资产。杨筝等（2017）研究发现宽松的货币政策会增加金融资产的配置。这可能是由于金融资产的衡量包括了货币资金，而货币资金在金融资产中占比较高，此时企业在宽松货币政策下配置更多金融资产是出于预防性动机。另一方面，也有学者持相反观点认为，紧缩的货币政策下，企业会对资产重新进行配置来应对货币政策紧缩带来的负面影响，即企业会增加流动资产比重，同时相对增加对金融资产配置的比重而减少实物资产的比重（冯建和王丹，2013）。

3.2.4 货币政策与影子银行

目前关于货币政策对影子银行发展的研究有两种不同的观点：一类学者认为，紧缩性货币政策对影子银行发展具有促进作用（吴智华和杨秀云，2018）。在紧缩的货币政策下，由于影子银行监管不足、传统商业银行贷款门槛较高，不仅为企业融资带来监管套利和资产替换，也对商业银行资产水平产生了持续的负面影响，但却导致影子银行规模的扩张，促使影子银行为企业提供贷款以缓解资金短缺（裘翔和周强龙，2014；Nelson and Pinter，2018）。另一类学者认为，紧缩的货币政策会抑制影子银行的发展。如胡利琴等（2016）认为，从长期效果来看，紧缩性的货币政策会促使影子银行的扩张行为。但是国外学者 Verona et al.（2013）发现宽松的货币政策才会导致影子银行规模的扩张。Jimenez et al.（2014）指出，正规商业银行信贷规模可以通过实施紧缩的货币政策来控制，但是影子银行的规模不会受紧缩的货币政策影响而变小。由此可知，短期内紧缩的货币政策会扩张影子银行的规模；但是从长期来看，紧缩的货币政策会抑制影子银行的发展（徐云松，2018）。

通过对以往文献的回顾发现：国内外学者较多关注影子银行对企业融资约束的影响，但影子银行对企业金融资产配置的影响却鲜有涉及。因此，本章从影子银行视角出发，研究其对企业金融资产配置的影响，丰富了影子银行的经济后果和企业金融资产配置的影响因素研究。此外，现有研究主要集中于货币政策与影子银行之间的关系，忽视了不同货币政策下影子银行与企业金融资产配置之间的关系，因此，本章基于我国货币政策不断调整的背景来研究不同货币政策下影子银行与金融资产配置之间的关系，有助于进一步认识不同货币政策下影子银行对企业金融资产配置影响的经济后果。

3.3 理论分析与假设提出

3.3.1 影子银行对企业金融资产配置的影响分析

影子银行体系作为金融市场的重要组成部分，在经济中发挥着两种作用：一方面，影子银行为企业提供了新型融资渠道（李建伟和李树生，2015），缓解了企业融资难问题（程小可等，2015），进而满足了实体经济多元化的融资需求，使企业持有更多的可支配的资金；另一方面，由于监管不足导致监管套利问题的不断出现，使资金出现空转套利的现象（周游和张成思，2016），进而恶化了社会资源配置。此外，实体经济产能过剩和成本上升导致实体经济回报率逐年下降，企业普遍面临资金周转速度降低、投资收益率下降、企业偿债风险提高的困境，而虚拟经济发展迅速，使金融投资回报率远远大于实体经济（杜勇等，2017；戚聿东和张任之，2018），进而导致资金悖离实体经济需求。因此，企业出于资本逐利动机，会驱使其利用从"影子银行"获得的产业资本迅速投向金融领域，导致企业逐渐脱离主营业务、持有更多的金融资产，从而造成企业"空心化"。基于以上分析，本书提出假设 H3-1：

H3-1：影子银行发展会促使企业增加金融资产配置。

3.3.2 货币政策对影子银行与企业金融资产配置的调节作用分析

为抑制经济过热，央行采取紧缩的货币政策，导致银行贷款利率提高，贷款额度下降，传统商业银行将会受到更严格的监管，此时影子银行规模会不断扩张（裘翔和周强龙，2014；Nelson and Pinter，2018）。一方面，紧缩的货币政策使企业面临的未来风险的不确定性增加，使传统商业银行对企业未来风险产生担忧，致使银行谨慎放贷,从而加大企业从传统银行融资的成本(饶品贵和姜国华,2011;谢军和黄志忠,2014),因此,企业更倾向于从非传统金融机构(影子银行)获得融资(曲昭光和王湃,2018),即紧缩的货币政策会促使企业从影子银行进行融资。另一方面,相对于传统信贷业务,影子银行具有比较优势,逐步形成资金空转的套利机制(吴晗和张克菲,2019),进而造成部分资金淤于金融体系,加剧企业脱离实体经济。因此,当企业在从影子银行获得资金时,出于逐利动机,会将更多的资金配置到金融资产,以实现利润最大化。基于以上分析,本书提出假设 H3-2a:

H3-2a:在紧缩的货币政策下,影子银行发展会更加促进企业金融资产配置。

相反,在宽松的货币政策下,相较于影子银行,传统商业银行信贷供给充足、利率降低和放贷意愿较强,企业获得银行贷款较为容易,其融资成本较低(吴娜,2013;史焕平和李泽成,2014),此时企业更倾向于从传统银行获得融资,其面临的还款压力也会有所降低,因此,企业会将更多的资金配置到实体经济,以满足经营性和营利性需求。此外,宽松的货币政策也会使企业的金融资产价格产生波动,增加金融资产持有风险,因此,企业会基于风险收益原则,相应减少对金融资产的配置(胡奕明等,2017)。基于以上分析,本书提出假设 H3-2b:

H3-2b:在宽松的货币政策下,影子银行发展会更加抑制企业金融资产配置。

3.4 研究设计

3.4.1 样本选择与数据来源

本章以2012—2018年我国沪深A股制造业上市企业季度数据作为研究样本。在初步确定研究样本后，本章按照以下标准对样本做了筛选：①剔除了ST、PT公司；②剔除了金融、保险业公司；③剔除了部分财务数据缺失的公司；④所有连续变量进行1%和99%分位上进行winsorize缩尾处理。最终，共计得到42574个有效观测值。其中，研究所需的财务数据主要来自国泰安数据库，影子银行以及货币政策相关数据来自国家统计局及中国人民银行网站，行业分类以2012年证监会修订的《上市公司行业分类指引》为依据。

3.4.2 主要变量说明

（1）金融资产的衡量

不同学者基于不同的研究视角，对金融资产的衡量方式有所不同。其中主要包括广义的金融资产和狭义的金融资产（张成思和张步昙，2016；胡奕明等，2017）。本章结合会计准则并参考戴赜等（2018）、黄贤环和王瑶（2019）的做法，采用狭义金融资产定义，并剔除货币资金、长期股权投资、应收股利和应收利息，其原因是：货币资金和长期股权的持有既有包含生产性需求，也包含金融活动的投资需求（戴赜等，2018）；而应收股利和应收利息等数据缺失严重且金额较小（黄贤环和王瑶，2019）。因此，本章将金融资产定义为（交易性金融资产+持有至到期投资+可供出售金融资产+投资性房地产）/总资产。

(2) 影子银行、货币政策的衡量

由于同业业务是我国影子银行的主要形式之一（王喆和张明，2017），因此本章借鉴吴晗等（2019）的做法，采用银行同业资产占比度量影子银行发展。具体利用央行公布的《其他存款性公司资产负债表》中的"对其他存款性公司债权"与"对其他金融机构债权"之和且以总资产标准化后衡量影子银行发展程度。稳健性检验中采用委托贷款和银行同业净资产（程小可等，2015）来衡量影子银行发展。

(3) 货币政策的衡量

现有文献一般采用货币供给量和利率作为衡量货币政策的指标（杨兴全等，2014；王晋斌等，2017；徐梅，2015）。货币供给量主要采用广义货币供给量（M_2）和流通中的现金（M_0）来衡量。但由于M_0为流通中的现金，是高能货币，对金融资产交易和经济周期具有显著影响，央行可以通过观测经济系统中M_0的变动，来判断经济流通中的货币量是否过剩，进而调整货币政策。因此，本章参照徐梅（2015）的做法，选取M_0作为货币供应量的代理指标。由于本章主要考察货币政策松紧程度，因此该值越大代表货币政策越趋于宽松；反之则表示货币政策趋于紧缩，故本章采用虚拟变量来衡量。本章将货币供应量按照均值进行分组，将M_0大于均值定义为1，反之为0。在稳健性检验中，本章采用利率作为货币政策的代理变量，其中利率采用选择银行间同业拆借加权平均利率的虚拟变量进行衡量（徐梅，2015）。

(4) 控制变量

参考彭俞超、韩珣和李建军（2018）的做法，本章控制了影响企业金融资产配置的一系列变量，包括公司财务特征变量、宏观经济变量。其中，财务特征变量包括资产负债率（Lev）、公司规模（$Size$）、固定资产投资（Fa）、盈利能力（Pro）、成长性（$Growth$）、成长机会（Tq）、融资成本（$Fcost$）、资产结构（$Tang$）、债务期限结构（Slr）、流动比率（Cr）以及现金流量（Cfo）；宏观经济变量包括实际 GDP 环比增速（Gdp）；还控制了季度（$Quarter$）和行业（$Industry$）。

各主要变量具体含义如表 3-1 所示。

表 3-1 变量定义

变量类型	变量名称	符号	定义
被解释变量	金融资产	Fin	（交易性金融资产+持有至到期投资+可供出售金融资产+投资性房地产）/总资产
解释变量	影子银行	$Sbank$	（对其他存款性公司债权+对其他金融机构债权）/总资产
	货币政策	M_0	M_0 大于均值，取值为 1；否则取值为 0
控制变量	资本结构	Lev	资产负债率
	公司规模	$Size$	LN 总资产
	固定资产投资	Fa	固定资产/总资产
	盈利能力	Pro	总资产净利润率
	成长性	$Growth$	营业收入增长率
	成长机会	Tq	市场价值与账面价值之比
	融资成本	$Fcost$	财务费用/（负债-应付账款）
	资产结构	$Tang$	（固定资产+存货）/总资产
	债务期限结构	Slr	短期负债/总负债
	流动比率	Cr	流动资产/流动负债
	现金流量	Cfo	经营活动净现金流量/总资产
	实际 GDP 环比增速	Gdp	本季度实际 GDP/上季度实际 GDP-1（季度调整）
	季度	$Quarter$	季度虚拟变量
	行业	$Industry$	行业虚拟变量

3.4.3 模型设计

为考察影子银行发展对企业金融资产配置的影响（H3-1），本章采用企业季度面板回归模型进行检验分析，具体模型如下：

$$Fin_{it} = \beta_0 + \beta_1 Sbank_t + \beta_2 Lev_{it} + \beta_3 Size_{it} + \beta_4 Fa_{it} + \beta_5 Pro_{it} +$$
$$\beta_6 Growth_{it} + \beta_7 Tq_{it} + \beta_8 Fcost_{it} + \beta_9 Tang_{it} + \beta_{10} Slr_{it} +$$
$$\beta_{11} Cr_{it} + \beta_{12} Cfo_{it} + \beta_{13} Gdp_{it} + Quarter + Industry + \mu_i + \varepsilon_{it}$$
$$(3-1)$$

其中，i 代表企业，t 代表季度，β_0 为常数项，假设个体效应 μ_i 是常量，代表恒定不变的影响金融资产的因素，其他随时间而变的因素的作用归入随机项 ε_{it} 中。Fin_{it} 代表企业 i 在时期 t 所持有的金融资产占期末总资产的比例，$Sbank_t$ 是本章的核心解释变量，代表某季度的影子银行规模大小。借鉴彭俞超、韩珣和李建军（2018）的做法，在模型中加入公司特征变量和宏观经济方面的变量。此外，本章还控制了季度虚拟变量和行业虚拟变量。

为考察不同货币政策下影子银行发展对企业金融资产配置的影响（H3-2），在模型（3-1）的基础上增加货币政策（M_0）这一虚拟变量构建模型（3-2），再次考察不同货币政策下，影子银行发展对企业金融资产配置的影响。

$$Fin_{it} = \beta_0 + \beta_1 Sbank_t + \beta_2 M_0 + \beta_3 M_0 \times Sbank_t + \beta_4 Lev_{it} +$$
$$\beta_5 Size_{it} + \beta_6 Fa_{it} + \beta_7 Pro_{it} + \beta_8 Growth_{it} + \beta_9 Tq_{it} +$$
$$\beta_{10} Fcost_{it} + \beta_{11} Tang_{it} + \beta_{12} Slr_{it} + \beta_{13} Cr_{it} + \beta_{14} Cfo_{it} +$$
$$\beta_{15} Gdp_{it} + Quarter + Industry + \mu_i + \varepsilon_{it}$$
$$(3-2)$$

3.4.4 描述性统计

表 3-2 为描述性统计结果。其中，企业金融资产均值为 0.022，最小值为 0，最大值为 0.28，这说明在不同的企业金融资产的配置水平存在较大的差异。解释变量影子银行均值为 0.229，

最小值为 0.205，最大值为 0.253，表明近些年我国影子银行发展存在差异。货币政策均值为 11.042，最小值为 10.805，最大值为 11.201，表明 2012—2018 年我国实施的货币政策之间存在较大差异。其他控制变量均值与中位数基本相当，表明总体分布较为均衡。此外，将所有变量与企业金融资产配置进行了 Pearson 相关系数检验，结果显示，影子银行与企业金融资产配置之间的相关系数为 0.054，且在 1% 的水平上显著，为影子银行与企业金融资产配置存在相关性提供了初步的证据。

表 3-2　　　　　　　　描述性统计分析

变量	样本数	均值	标准差	p25	中位数	p75	最小值	最大值	Pearson
Fin	42574	0.022	0.046	0	0.003	0.020	0	0.280	1
$Sbank$	42574	0.229	0.015	0.218	0.227	0.242	0.205	0.253	0.054***
M_0	42574	0.518	0.450	0	1	1	0	1	0.105***
Lev	42574	0.393	0.202	0.228	0.379	0.541	0.0434	0.949	-0.048***
$Size$	42574	21.951	1.151	21.120	21.804	22.60	19.541	25.277	0.011**
Fa	42574	0.229	0.136	0.126	0.203	0.308	0.015	0.636	-0.168***
Pro	42574	0.026	0.037	0.006	0.019	0.042	-0.096	0.159	-0.00400
$Growth$	42574	0.089	0.190	-0.005	0.039	0.116	-0.182	1.146	-0.032***
Tq	42574	2.198	1.345	1.333	1.769	2.547	0.936	8.560	0.055***
$Fcost$	42574	-0.000	0.051	-0.003	0.008	0.021	-0.322	0.080	0.029***
$Tang$	42574	0.373	0.153	0.260	0.362	0.475	0.064	0.765	-0.186***
Slr	42574	0.845	0.151	0.766	0.894	0.964	0.352	1	-0.078***
Cr	42574	2.783	3.081	1.206	1.785	3.053	0.361	21.464	-0.009*
Cfo	42574	0.017	0.057	-0.015	0.012	0.046	-0.149	0.194	-0.016***
Gdp	42574	0.017	0.002	0.016	0.017	0.018	0.015	0.021	-0.085***

3.5 实证结果与分析

3.5.1 影子银行对企业金融资产配置的影响分析

表 3-3 为影子银行对企业金融资产配置的回归结果。表 3-3 第（2）列是在第（1）列的基础上控制季度和行业变量，结果表明影子银行与制造业企业金融资产配置的回归系数为 0.085，且在 1% 水平上显著为正，说明影子银行发展会促使企业进行金融资产配置，即 H3-1 得以验证。有关控制变量的影响，结果发现资产负债率 Lev 与金融资产的回归系数为 -0.025，且在 1% 水平上显著为负，说明企业资产负债率越高，管理者会出于保守的态度减少对高风险金融资产的投资；盈利能力 Pro 与金融资产的回归系数为 -0.087，在 1% 的水平上显著为负，这表明企业经营和盈利状况越好，资金较为充裕，企业会为了扩大生产规模而将更多的资金投入实体经济以满足生产经营的需要，进而减少金融资产的投资，即资金更多的流向实体经济。

表 3-3 影子银行与企业金融资产配置的回归结果

Independent Variables	Fin	
	(1)	(2)
Sbank	0.073***	0.085***
	(4.82)	(5.55)
Lev	-0.028***	-0.025***
	(-17.33)	(-15.21)
Size	0.001***	0.001***
	(5.86)	(5.65)

续表

Independent Variables	Fin	
	(1)	(2)
Fa	-0.046***	-0.037***
	(-16.10)	(-12.00)
Pro	-0.075***	-0.087***
	(-9.98)	(-11.51)
Growth	-0.020***	-0.020***
	(-16.63)	(-16.91)
Tq	0.001***	0.001***
	(7.32)	(7.28)
Fcost	0.028***	0.025***
	(5.03)	(4.45)
Tang	-0.037***	-0.054***
	(-14.92)	(-20.45)
Slr	-0.037***	-0.034***
	(-23.59)	(-21.73)
Cr	-0.002***	-0.002***
	(-18.43)	(-17.84)
Cfo	0.030***	0.016***
	(6.72)	(3.50)
Gdp	-1.591***	-1.621***
	(-11.88)	(-10.98)
_cons	0.074***	0.085***
	(10.68)	(11.21)
Quarter	No	Yes
Industry	No	Yes
N	42574	42574
Adj. R^2	0.075	0.111

续表

Independent Variables	Fin	
	(1)	(2)
R^2	0.075	0.112
F	266.337***	119.596***

注：括号中为 t 值；*** 表示1%水平上显著。

3.5.2 不同货币政策下影子银行对企业金融资产配置的影响分析

表3-4为不同货币政策下影子银行对企业金融资产配置的回归结果。表3-4第（1）列是加入货币政策与影子银行交乘项后的结果，Sb 的系数为0.226，在1%水平上显著为正；交乘项 $M_0 \times Sbank$ 系数在1%水平上显著为负，说明宽松的货币政策弱化了影子银行对企业金融资产配置的影响。第（2）列和第（3）列是基于货币供应量 M_0 均值进行分组，第（2）列报告了宽松的货币政策下，影子银行与金融资产配置之间的关系，其回归系数为0.026，说明影子银行规模越大，企业会增加对金融资产的配置，这是因为国家实施宽松的货币政策时，资本市场上货币供应量会有所增加，使企业可获得资金的来源较为广泛，进而导致企业持有更多的可利用的资金，因此企业为了获得超额收益，会将更多的资金流向金融资产投资领域；由第（3）列可以看出，紧缩的货币政策下，影子银行与金融资产的回归系数为0.227，在1%水平上显著，这说明由于紧缩的货币政策下货币供应量减少且利率上升，企业会加大从影子银行融资，同时由于实体经济持续低迷、金融资产具有高收益性以及银行开展的影子业务具有相应的业绩指标，促使企业会将更多的资金用于配置金融资产。此外，为了验证不同货币政策下，影子银行与金融资产配置之间的关系是否存在显著性差异，本章进一步对回归结果进行了似不相关检验，其 P 值为0，说明其回归结果在1%水平上存在显著性差异，即可以得出在紧缩的货币政策下，影子银行发展

对企业金融资产配置的影响更加敏感，H3-2a得以验证。

表3-4 不同货币政策下影子银行对企业金融资产配置的回归结果

Independent Variables	Fin		
	(1)	(2)	(3)
Sbank	0.226***	0.026	0.227***
	(6.02)	(1.19)	(5.93)
M_0	0.052***		
	(5.18)		
$M_0 * Sbank$	-0.207***		
	(-4.81)		
Lev	-0.024***	-0.034***	-0.015***
	(-14.63)	(-13.44)	(-6.90)
Size	0.001***	0.002***	0.001*
	(4.94)	(5.03)	(1.71)
Fa	-0.037***	-0.036***	-0.038***
	(-12.02)	(-7.59)	(-9.51)
Pro	-0.088***	-0.079***	-0.097***
	(-11.55)	(-7.53)	(-8.69)
Growth	-0.020***	-0.024***	-0.013***
	(-16.77)	(-15.56)	(-6.80)
Tq	0.001***	0.001***	0.002***
	(7.13)	(2.61)	(6.56)
Fcost	0.022***	0.003	0.014**
	(3.97)	(0.28)	(2.03)
Tang	-0.053***	-0.057***	-0.047***
	(-20.05)	(-14.33)	(-13.65)
Slr	-0.034***	-0.041***	-0.028***
	(-21.77)	(-17.48)	(-13.58)

续表

Independent Variables	Fin		
	(1)	(2)	(3)
Cr	-0.002***	-0.002***	-0.002***
	(-17.65)	(-10.95)	(-13.88)
Cfo	0.016***	0.010	0.020***
	(3.53)	(1.55)	(3.21)
Gdp	-0.169	0.195	-0.467*
	(-0.71)	(0.38)	(-1.77)
$\_cons$	0.029**	0.072***	0.038***
	(2.34)	(6.39)	(2.72)
Quarter	Yes	Yes	Yes
Industry	Yes	Yes	Yes
N	42574	22067	20507
Adj. R^2	0.113	0.112	0.102
R^2	0.114	0.113	0.104
F	115.948***	64.035***	52.829***

注：括号中为 t 值；***、**、*分别表示1％、5％和10％水平上显著。

3.6 稳健性检验

为了使研究结果更加稳健，本章主要从以下几个方面进行稳健性检验，分别为替换变量、替换回归方法等。

3.6.1 替换变量

（1）替换影子银行衡量指标

由于委托贷款是影子银行中最主要的形式，指委托人提供资金，由商业银行（受托人）根据委托人意愿代为发放，协助监督使用并收回的贷款,相当于一种"过桥"银行中介,公司对公司的贷款,其是商业银行的表外业务,以表示商业银行作为企业中间人开展的影子银行业务。因此,本章在稳健性检验中以央行发布的《社会融资规模统计表》中的委托贷款除以社会融资规模作为影子银行发展的代理变量,其检验结果列示于表3-5,可以看到在样本中影子银行的系数显著为正,说明影子银行发展越好,企业金融资产配置的越多。另外,稳健性检验中还采用银行同业净资产来衡量影子银行发展,检验结果仍然支持研究假设,本章研究结论未发生改变。

表 3 – 5　　　　　　替换影子银行指标的回归结果

Independent Variables	Fin			
	(1)	(2)	(3)	(4)
Wsb	0.179***	0.189***		
	(8.33)	(8.74)		
Nia			0.075***	0.095***
			(3.96)	(4.87)
Lev	-0.028***	-0.024***	-0.028***	-0.025***
	(-16.80)	(-14.70)	(-17.38)	(-15.30)
$Size$	0.001***	0.001***	0.002***	0.002***
	(4.97)	(4.81)	(6.19)	(6.06)
Fa	-0.046***	-0.037***	-0.045***	-0.037***
	(-16.26)	(-12.17)	(-16.04)	(-11.94)
Pro	-0.074***	-0.086***	-0.078***	-0.090***
	(-9.90)	(-11.37)	(-10.42)	(-11.99)
$Growth$	-0.020***	-0.020***	-0.019***	-0.020***
	(-16.78)	(-17.09)	(-16.33)	(-16.66)
Tq	0.001***	0.001***	0.002***	0.002***
	(6.25)	(6.29)	(8.54)	(8.65)

续表

Independent Variables	*Fin*			
	(1)	(2)	(3)	(4)
Fcost	0.027***	0.023***	0.027***	0.023***
	(4.79)	(4.18)	(4.80)	(4.17)
Tang	-0.037***	-0.053***	-0.037***	-0.053***
	(-14.75)	(-20.32)	(-14.82)	(-20.34)
Slr	-0.037***	-0.034***	-0.037***	-0.034***
	(-23.52)	(-21.68)	(-23.60)	(-21.76)
Cr	-0.002***	-0.002***	-0.002***	-0.002***
	(-18.22)	(-17.69)	(-18.54)	(-17.95)
Cfo	0.031***	0.016***	0.031***	0.017***
	(6.97)	(3.63)	(6.92)	(3.67)
Gdp	-0.968***	-0.924***	-1.475***	-1.442***
	(-6.17)	(-5.30)	(-10.46)	(-9.03)
_*cons*	0.072***	0.084***	0.079***	0.089***
	(10.85)	(11.57)	(11.80)	(12.00)
Quarter	No	Yes	No	Yes
Industry	No	Yes	No	Yes
N	42574	42574	42574	42574
Adj. R^2	0.076	0.112	0.075	0.111
R^2	0.076	0.113	0.075	0.112
F	270.171***	120.735***	265.706***	119.417***

注：括号中为 *t* 值；*** 表示1%水平上显著。

(2) 替换货币政策衡量指标

为了再次验证不同货币政策下，影子银行与企业金融资产配置之间的关系，本章采用1天银行同业拆借利率作为划分货币政策宽松与否的标准。由于Shibor越高则说明货币政策越紧缩，因此本章将 *Shibor* 大于均值定义为0，反之为1，并建立虚拟变量，回归结果如表 3-6 所示。表 3-6 中第（1）列是加入货币政策与影子银行交乘项后的结果，结果表明宽松的货币政策弱化了影子银行对企业金融资产配置的影响。第（2）列为宽松货币政策下影子银行与企业金融资产配置之间关系，其回归系数在 1% 水平上显著为正；第（3）列为紧缩货币政策下影子银行与企业金融资产配置之间的关系，其回归系数在 1% 水平上显著为正；比较不同货币政策下影子银行与金融资产配置的回归系数（0.082 < 0.172），可知，影子银行对企业金融资产配置影响在紧缩的货币政策下更为敏感。此外，为了验证结果是否具有显著差异性，本章进一步对回归结果采取似不相关检验，其 P 值为 0，表明分组后的结果在 1% 水平上存在显著性差异。

表 3-6　　　　　　　替换货币政策的回归结果

Independent Variables	Fin		
	(1)	(2)	(3)
Sbank	0.168***	0.082***	0.172***
	(4.65)	(4.46)	(4.57)
Shibor	0.021**		
	(2.35)		
Sbank * Shibor	-0.093**		
	(-2.41)		
Lev	-0.025***	-0.025***	-0.023***
	(-15.19)	(-10.96)	(-9.87)
Size	0.001***	0.001***	0.001***
	(5.62)	(3.67)	(3.28)
Fa	-0.037***	-0.040***	-0.034***
	(-12.03)	(-9.08)	(-7.92)
Pro	-0.088***	-0.082***	-0.092***
	(-11.62)	(-7.84)	(-8.20)

续表

Independent Variables	Fin		
	(1)	(2)	(3)
Growth	-0.020***	-0.020***	-0.020***
	(-16.89)	(-12.78)	(-11.12)
Tq	0.001***	0.001***	0.001***
	(7.34)	(3.80)	(5.03)
Fcost	0.024***	0.004	0.038***
	(4.23)	(0.50)	(5.21)
Tang	-0.054***	-0.051***	-0.056***
	(-20.42)	(-13.70)	(-15.15)
Slr	-0.034***	-0.037***	-0.031***
	(-21.75)	(-16.46)	(-14.27)
Cr	-0.002***	-0.002***	-0.002***
	(-17.91)	(-13.67)	(-11.32)
Cfo	0.016***	0.016**	0.015**
	(3.61)	(2.47)	(2.33)
Gdp	-1.573***	-1.673***	-1.539***
	(-10.41)	(-7.71)	(-6.43)
_cons	0.066***	0.092***	0.068***
	(6.08)	(8.80)	(5.14)
Quarter	Yes	Yes	Yes
Industry	Yes	Yes	Yes
N	42574	21395	21179
Adj. R^2	0.111	0.115	0.109
R^2	0.112	0.117	0.111
F	114.672***	62.728***	58.378***

注：括号中为 t 值；***、** 分别表示1%、5%水平上显著。

3.6.2 分位数回归

由于分位数本身的特点决定了样本的异常值不会对回归结果造成较大影响,因而分位数回归更稳健。本章使用分位数回归方法再次进行回归,结果列示于表 3-7,检验结果仍然支持研究假设,本章研究结论未发生改变。

表 3-7　　　　　　　　分位数回归结果

Independent Variables	Fin		
	(1)	(2)	(3)
$Sbank$	0.004***	0.045***	0.098***
	(3.33)	(6.52)	(4.69)
Lev	-0.000**	-0.004***	-0.013***
	(-1.99)	(-5.72)	(-6.04)
$Size$	0.000***	0.002***	0.003***
	(12.86)	(13.92)	(7.59)
Fa	-0.000**	-0.006***	-0.021***
	(-2.19)	(-4.22)	(-5.00)
Pro	-0.001**	-0.017***	-0.057***
	(-2.44)	(-4.88)	(-5.52)
$Growth$	-0.000***	-0.004***	-0.018***
	(-3.48)	(-7.52)	(-11.05)
Tq	0.000	0.001***	0.002***
	(1.06)	(6.38)	(6.15)
$Fcost$	-0.000	0.004*	0.019**
	(-0.03)	(1.70)	(2.56)
$Tang$	-0.000*	-0.006***	-0.039***
	(-1.88)	(-5.46)	(-10.95)

续表

Independent Variables	Fin		
	(1)	(2)	(3)
Slr	-0.000	-0.002***	-0.019***
	(-1.22)	(-3.51)	(-8.99)
Cr	-0.000**	-0.000***	-0.001***
	(-2.24)	(-5.82)	(-8.13)
Cfo	-0.000	0.001	0.004
	(-0.03)	(0.57)	(0.59)
Gdp	-0.063***	-0.696***	-2.050***
	(-5.70)	(-10.56)	(-10.24)
_cons	-0.004***	-0.020***	0.029***
	(-7.55)	(-5.79)	(2.84)
N	42574	42574	42574
Pseudo R^2	0.002	0.033	0.077

注：括号中为 t 值；***、**、* 分别表示1%、5%和10%水平上显著。

3.6.3 内生性检验

1. 固定效应回归

考虑到本章构建的模型可能存在由于遗漏变量所产生的内生性问题，本章对样本采用固定效应再次进行回归，结果如表3-8所示，第（2）列可以看到在样本中影子银行的系数显著为正，说明影子银行发展越好，企业金融资产配置的越多。从表3-8中第（3）列至第（6）列可知，影子银行对企业金融资产配置影响在紧缩的货币政策下更为敏感。检验结果仍然支持研究假设，本章研究结论未发生改变。

表 3-8　　固定效应回归结果

Independent Variables	Fin					
	总样本	M_0		Shibor		
		宽松货币政策	紧缩货币政策	宽松货币政策	紧缩货币政策	
Sbank	0.041***	0.043***	-0.109***	0.288***	0.069***	0.124***
	(4.08)	(4.10)	(-8.75)	(11.48)	(5.53)	(4.94)
Lev	-0.015***	-0.016***	-0.001	-0.024***	-0.011***	-0.017***
	(-7.77)	(-8.40)	(-0.30)	(-8.45)	(-4.12)	(-5.96)
Size	0.001***	0.001***	-0.005***	-0.002***	-0.003***	0.001**
	(3.45)	(3.10)	(-5.58)	(-2.70)	(-3.96)	(1.98)
Fa	0.008*	0.006	0.005	0.002	0.001	0.007
	(1.88)	(1.51)	(0.82)	(0.30)	(0.19)	(1.19)
Pro	-0.050***	-0.059***	-0.014**	-0.058***	-0.039***	-0.072***
	(-8.82)	(-9.98)	(-2.13)	(-6.97)	(-4.70)	(-7.73)
Growth	-0.007***	-0.008***	-0.007***	0.003**	-0.008***	-0.006***
	(-8.99)	(-9.21)	(-7.96)	(2.24)	(-6.89)	(-4.44)
Tq	0.002***	0.002***	-0.000	0.003***	0.000*	0.002***
	(12.73)	(11.88)	(-1.23)	(13.73)	(1.93)	(8.58)
Fcost	0.026***	0.025***	0.007	-0.006	0.017***	0.037***
	(6.23)	(6.14)	(1.23)	(-1.15)	(2.62)	(6.20)
Tang	-0.056***	-0.056***	-0.047***	-0.043***	-0.049***	-0.062***
	(-16.67)	(-16.51)	(-8.95)	(-8.63)	(-9.86)	(-12.76)
Slr	-0.015***	-0.015***	-0.010***	-0.015***	-0.018***	-0.014***
	(-10.46)	(-10.54)	(-4.71)	(-7.01)	(-8.44)	(-6.25)
Cr	-0.001***	-0.001***	-0.001***	-0.001***	-0.001***	-0.001***
	(-14.10)	(-14.32)	(-3.55)	(-9.80)	(-10.74)	(-7.58)
Cfo	-0.006*	-0.007**	-0.007*	0.007	-0.007	-0.009*
	(-1.80)	(-1.96)	(-1.67)	(1.59)	(-1.38)	(-1.79)

续表

Independent Variables	Fin					
	总样本		M_0		Shibor	
			宽松货币政策	紧缩货币政策	宽松货币政策	紧缩货币政策
Gdp	-2.439***	-2.654***	0.915***	-0.472***	-3.422***	-2.582***
	(-24.92)	(-23.68)	(3.73)	(-3.15)	(-20.30)	(-14.66)
_cons	0.062***	0.085***	0.179***	0.047**	0.173***	0.086***
	(5.86)	(6.53)	(6.97)	(2.36)	(8.65)	(4.58)
Quarter	No	Yes	Yes	Yes	Yes	Yes
Industry	No	Yes	Yes	Yes	Yes	Yes
N	42574	42574	22067	20507	21395	21179
Adj. R^2	0.020	0.029	-0.088	-0.011	-0.020	-0.009
R^2	0.072	0.082	0.023	0.069	0.090	0.095
F	242.161***	81.875***	12.486***	33.292***	42.944***	45.082***

注：括号中为 t 值；***、**、* 分别表示1％、5％和10％水平上显著。

2. 工具变量法

影子银行是金融市场的重要组成部分，可以为企业提供一种新型融资渠道（李建伟和李树生，2015），满足了实体经济多元化的融资需求，但是随着影子银行的发展，影子银行的逐利性质更加凸显，具体表现为对需要借款的企业收取相对较高的利息费用，进而提高了企业的融资成本，迫使企业从影子银行获得的资金更多的流向较高回报率的金融资产。然而，企业持有金融资产过多也会滋生影子银行的发展，因此，为了解决影子银行与金融资产互为因果的内生性问题，本章将影子银行滞后一期作为工具变量，采用2SLS对样本再次进行回归，结果如表3-9所示，检验结果仍然支持研究假设，本章研究结论未发生改变。

表 3-9　　工具变量法回归结果

Independent Variables	第一阶段 $Sbank$	第二阶段 Fin
$LSbank$	0.958*** (440.37)	
$Sbank$		0.135*** (7.46)
Lev	0.000 (1.01)	-0.026*** (-15.22)
$Size$	0.000*** (7.16)	0.001*** (4.30)
Fa	0.001** (2.41)	-0.039*** (-12.05)
Pro	-0.013*** (-12.97)	-0.077*** (-9.67)
$Growth$	0.002*** (12.30)	-0.022*** (-17.62)
Tq	0.001*** (31.21)	0.001*** (4.68)
$Fcost$	-0.008*** (-11.02)	0.027*** (4.57)
$Tang$	0.002*** (4.61)	-0.053*** (-19.42)
Slr	-0.000 (-1.38)	-0.034*** (-20.85)
Cr	-0.000* (-1.87)	-0.002*** (-16.80)
Cfo	0.004*** (7.22)	0.012** (2.42)

续表

Independent Variables	第一阶段 Sbank	第二阶段 Fin
Gdp	1.473***	-1.602***
	(73.42)	(-10.44)
_cons	-0.021***	0.081***
	(-20.39)	(10.10)
Quarter	Yes	Yes
Industry	Yes	Yes
N	38976	38976
R^2	0.869	0.113
F	5739.475***	

注：括号中为 t 值；***、**、* 分别表示 1%、5% 和 10% 水平上显著。

3.7 进一步分析

为了使文章结构更加完整，本章分别从融资约束异质性、风险承担异质性和金融资产配置异质性三个方面进一步进行分析。

3.7.1 融资约束异质性

受融资约束较强的企业，很难从外部融入资金，而影子银行业务快速发展，其具有资金池运作、表外运作等特点，风险偏好较高，极大的丰富了此类企业融资渠道，有助于缓解企业融资难的问题，具有融资约束的企业更愿意接受商业银行的购买理财产品后而进行抵押获得贷款的交易，导致融资约束越强的企业配置的金融资产越多。而受融资约束影响较小的企业，其资金来源相对较多，更容易从传统银行获得大量资金，满足自身发展的需要，因此，影子银行的发展对金融资产配置的影响在低融资约束样本中并不显著。

基于以上分析,本章参考彭俞超等(2018)的做法,利用 *KZ* 指数来衡量企业融资约束程度高低,将 *KZ* 指数大于 75 分位数的样本设置为高融资约束组,*KZ* 指数小于 25 分位数的样本设置为低融资约束组,进行分组回归,结果如表 3-10 所示。由表 3-10 第 1 列、第 2 列可知,在高融资约束样本中,影子银行与金融资产的回归系数为 0.074,在 5% 水平上显著;而融资约束程度低的企业中其回归系数为 -0.027,且不显著。此外,为了验证结果是否具有显著差异性,本章进一步对回归结果采取似不相关检验,其 *P* 值为 0.0208,表明分组后的结果在 5% 水平上存在显著性差异。这说明影子银行对企业金融资产配置的影响在高融资约束样本中更为显著。

表 3-10   融资约束异质性的回归结果

Independent Variables	*Fin*	
	高融资约束企业	低融资约束企业
Sbank	0.074**	-0.027
	(2.45)	(-0.88)
Lev	-0.030***	-0.029***
	(-7.83)	(-5.57)
Size	-0.001	0.005***
	(-1.56)	(8.28)
Fa	-0.076***	-0.048***
	(-14.18)	(-5.75)
Pro	-0.042**	-0.175***
	(-2.24)	(-10.54)
Growth	-0.009***	-0.020***
	(-3.63)	(-8.60)
Tq	0.003***	0.001***
	(7.41)	(3.57)

续表

Independent Variables	Fin	
	高融资约束企业	低融资约束企业
$Fcost$	0.037	0.023***
	(1.18)	(3.10)
$Tang$	-0.013***	-0.045***
	(-2.87)	(-6.16)
Slr	-0.044***	-0.030***
	(-13.55)	(-8.37)
Cr	-0.009***	-0.002***
	(-14.23)	(-10.22)
Cfo	0.032***	0.027**
	(3.80)	(2.53)
Gdp	-0.881***	-3.170***
	(-2.96)	(-10.88)
$\_cons$	0.127***	0.054***
	(8.47)	(3.36)
$Quarter$	Yes	Yes
$Industry$	Yes	Yes
N	9800	9800
$Adj. R^2$	0.111	0.118
R^2	0.115	0.122
F	28.927***	31.459***

注：括号中为 t 值；***、** 分别表示1%、5%水平上显著。

3.7.2 风险承担异质性

由于我国仍然存在价格和数量的双重抑制，风险较低的企业更容易获取商业银行的信贷支持，从而导致风险相对高的企业更容易在影子银行中取得融资（蓝天等，2019），进而会加大对企业金融资产的配置。本章借鉴姜付秀等（2006）的做法，采用企业盈利的波动性来衡量企业风险大小，即利用季度性资产回报率的变化程度来衡量企业的风险。其检验结果见表 3 – 11，影子银行与金融资产的回归系数在高风险企业的样本中为 0.170，在 1% 水平上显著，而在低风险企业的样本中为 0.052，且进行似不相关检验，p 值为 0.0117，说明在 5% 水平上存在显著差异，这说明影子银行对企业金融资产配置的影响在高风险企业中更为显著。

表 3 – 11　　　　　企业风险异质性的回归结果

Independent Variables	Fin	
	高风险企业	低风险企业
$Sbank$	0.170***	0.052**
	(4.16)	(2.23)
Lev	-0.024***	-0.043***
	(-5.89)	(-15.96)
$Size$	-0.003***	-0.001***
	(-4.75)	(-3.39)
Fa	-0.039***	-0.046***
	(-4.72)	(-10.10)
Pro	-0.000	-0.148***
	(-0.03)	(-9.06)
$Growth$	-0.024***	-0.026***
	(-8.14)	(-11.85)
Tq	-0.001**	-0.000
	(-2.51)	(-0.75)
$Fcost$	-0.005	0.021
	(-0.25)	(1.58)
$Tang$	-0.072***	-0.074***
	(-9.99)	(-19.01)

续表

Independent Variables	Fin	
	高风险企业	低风险企业
Slr	-0.044***	-0.044***
	(-10.65)	(-18.12)
Cr	-0.002***	-0.003***
	(-6.68)	(-12.44)
Cfo	0.009	0.026***
	(0.86)	(3.42)
Gdp	-1.697***	-0.361
	(-4.25)	(-1.45)
$\_cons$	0.199***	0.174***
	(9.45)	(14.12)
$Quarter$	Yes	Yes
$Industry$	Yes	Yes
N	7139	20140
$adj. R^2$	0.159	0.148
R^2	0.164	0.150
F	31.617***	80.680***

注：括号中为 t 值；***、**分别表示1%、5%水平上显著。

3.7.3 金融资产配置异质性

由于金融资产到期时间和流动性不同，受影子银行发展的影响也将不同。相较于长期金融资产而言，短期金融资产具有持有期限短、变现能力强、流动性较好等特点，且能在短期内满足资金的需求；此外，由于影子银行业务具有资金池运作、表外运作等特点，风险偏好较高，企业为了可以支付高额的利息，会更倾向于将转换成本较低的短期金融资产进行快速变现。相反，企业持有长期金融资产更多的是出于"蓄水池"动机,以满足未来资金的需要,降低未来风险不确定性,因此,随着影子银行的不断扩张,企业会更倾向于持有长期金融资产以应对未来不确定风险,进而实现企业的可持续发展目标。

本章借鉴黄贤环等(2018)的做法,根据资产负债表流动性排列,进一步将交易性金融资产划分为短期金融资产,而将持有至到期投资、可供出售金融资产和投资性房地产划分为长期金融资产,按照其占总资产比例分别进行回归,其检验结果如表3-12所示。表3-12第(1)列为影子银行与短期金融资产的回归结果,其回归系数为-0.023,在1%水平上显著为负;相反,第(2)列长期金融资产的回归系数为0.106,在1%水平上显著为正,这说明影子银行的发展会显著促进企业长期金融资产的配置,原因在于企业基于长期发展战略,影子银行的不断扩张会促使企业将获得资金从短期性的金融资产转移至长期性金融资产以此实现金融资产的蓄水池效应。

表3-12　　金融资产配置异质性的回归结果

Independent Variables	Fin	
	短期金融资产	长期金融资产
Sbank	-0.023***	0.106***
	(-3.86)	(6.38)
lev	-0.002***	-0.028***
	(-2.70)	(-15.54)
Size	0.001***	0.001***
	(6.42)	(2.59)
Fa	-0.005***	-0.034***
	(-3.87)	(-10.39)

续表

Independent Variables	Fin	
	短期金融资产	长期金融资产
Pro	-0.006**	-0.100***
	(-1.97)	(-12.20)
$Growth$	-0.002***	-0.018***
	(-4.47)	(-14.22)
Tq	0.001***	0.001***
	(6.98)	(5.95)
$Fcost$	0.016***	0.007
	(7.16)	(1.14)
$Tang$	-0.007***	-0.061***
	(-6.83)	(-21.55)
Slr	-0.000	-0.043***
	(-0.59)	(-25.51)
Cr	0.000***	-0.003***
	(6.91)	(-23.02)
Cfo	0.003	0.015***
	(1.60)	(3.05)
Gdp	-0.154***	-1.419***
	(-2.67)	(-8.87)
$\_cons$	0.001	0.107***
	(0.41)	(12.99)
$Quarter$	Yes	Yes
$Industry$	Yes	Yes
N	42574	42574
$Adj.\ R^2$	0.018	0.115
R^2	0.019	0.116
F	17.937***	124.382***

注：括号中为 t 值；***、** 分别表示1%、5%水平上显著。

3.8 结论与建议

本章利用我国深沪 A 股制造业上市公司的 2012—2018 年季度数据,检验了不同货币政策下,影子银行对企业金融资产配置之间的关系。实证研究结果表明:①影子银行发展会促使企业进行金融资产配置;②不同货币政策下,影子银行发展对企业金融资产配置的影响不同,即在紧缩的货币政策下,影子银行发展会更加促进企业金融资产配置。进一步地,从融资约束异质性、企业风险异质性以及金融资产配置结构异质性视角出发,再次检验了影子银行与企业金融资产配置之间的关系,结果表明,影子银行与金融资产的正相关关系在高融资约束企业、高风险企业中更为显著;相较于短期金融资产,影子银行发展会显著增加企业长期金融资产的配置水平。

根据本章的研究结论,本章提出以下政策建议:①政府应该加大对影子银行的监管力度,不断完善影子银行的监管体系,增加银行等正规金融途径对实体经济的支持,促进资金"脱虚向实",不断提高服务实体经济的能力,实现金融与实体经济的良性发展。②积极推动货币政策调控框架转型,进而通过货币政策调整鼓励不同的融资方式,重视货币政策传导过程中资本监管的影响,防范影子银行加剧金融风险,从而优化金融生态环境,实现货币政策协调作用。

第4章 市场化改革速度与企业金融资产配置[①]

4.1 引 言

当前,我国经济正处在转轨攻关期,出现了显著的"脱实向虚"的趋势,导致实体经济增速放缓,非金融企业出现盈利下降、实体企业投资率下降。数据显示:2016年500强企业中制造业平均资产利润率为1.97%,而我国信托行业中68家代表公司的平均资本利润率为14.65%,商业银行平均资本利润率为15.00%,金融业平均资产利润率几乎是制造业的7.5倍。在资本逐利的驱使下,我国非金融上市公司持有金融产品的行为越来越普遍。Wind数据显示,2016年我国有767家上市公司购买了金融产品,总额高达7268.76亿元,公司数量和购买金额分别较上年增长23%和39%(闫海洲等,2018)。与此同时,实体企业产能过剩问题越发严重,金融资产投资回报率在短期内超过实体经济,实体企业纷纷持有金融资产,导致企业的实体投资和经营效率持续低迷,陷入恶性循环。党的十九大报告指出,要"建设现代化经济体系,必须把发展经济的着力点放在实体经济上,合理配置金融资产更好的服务于实体经济"。由此可见,如何平衡金融资产和经营资产成为我国非金融类上市公司亟待解决的问题。因此,研究企业配置金融资

[①] 第4章的部分内容引自吴娜,白雅馨,2019. 市场化改革速度与企业金融资产配置:一种倒"U"形关系[J]. 云南财经大学学报(9):73-94.

产的行为，引导金融资产投资回归实体经济，促进经济可持续发展具有重要的现实意义。

此外，学术界对于企业金融资产配置行为动机的研究尚未达成一致观点。一部分学者认为，企业配置金融资产是出于"逐利动机"，企业为了短期利润会增加对金融资产的持有，即金融资产对实体经济投资存在"挤出效应"（Seo et al.，2012；Akkemik and Ozen，2014）；另一部分学者认为，企业配置金融资产是出于"蓄水池动机"，企业为了缓解未来投资不足而增加对金融资产的持有，进而反哺实体经济，即金融资产对实体经济存在"蓄水池效应"（Smith and Stulz，1985；Stulz，1996；Duchin et al.，2017；胡奕明等，2017）。然而，也有研究发现金融资产投资和实体经济投资之间的关系基本上取决于"挤出效应"和"蓄水池效应"的相互作用（杜勇等，2017），在市场化改革速度提高的过程中，这两种效应会不断的博弈而此消彼长。当企业金融投资的"蓄水池效应"大于"挤出效应"时，金融资产投资增加可促进实体经济增长；当企业金融投资的"挤出效应"大于"蓄水池效应"时，金融资产投资增加将阻碍实体经济增长（朱映慧等，2017）。那么，市场化改革速度对企业金融资产配置的行为和动机到底具有怎样的影响值得进一步探究。此外，我国经济发展长期存在着区域性失衡的问题，各地区市场化改革速度存在显著性差异，这是否会对企业金融资产配置产生影响？同时，产权制度在我国长期存在，那国有企业和非国有企业对改革速度的敏感性有何差异？进一步地，不同的行业类型的企业发展目标不同，对于技术密集型行业的企业，将更多的资金用于研发投入，而非技术密集型企业会有更多的资金进行短期投资，市场化改革速度对不同行业的企业金融资产配置是否会产生行业异质性？

基于以上问题，本章采用 2009—2016 年沪深两市 A 股非金融上市公司数据，对市场化改革速度与实体企业金融资产配置之间的关系进行实证研究。在此基础上，检验了市场化改革速度对企业金融资产配置影响的地区差异性、产权性质差异性和行业差异性。结果表明：市场化改革速度与企业金融资产持有比例呈倒"U"形关系，这种倒"U"形关系在东部地区、国有企业和非技术密集型行业企业中更为显著。

与现有研究相比，本章的理论贡献在于：①从动态的角度分析了市场化改革速度对企业金融资产的影响；②为企业配置金融资产提供了产权性质、地域差异和行业异质性三个维度的检验，并验证了企业金融资产配置的动机。在实践方面，通过计算市场化改革速度的临界值，建议国家在加快市场化改革速度时要结合产权性质、地区和行业的发展特征，从而为更好的优化市场化改革速度，引导企业配置金融资产由"逐利动机"向"蓄水池动机"转换，为合理配置金融资产、反哺实体经济提供了经验证据。

本章其余部分安排如下：第二部分为文献回顾和研究假设，第三部分为研究设计，第四部分为实证结果分析，第五部分为稳健性检验，第六部分为作用机制检验，第七部分为结论与启示。

4.2 文献回顾与研究假设

4.2.1 文献回顾

4.2.1.1 企业金融资产配置

Demir（2009）认为，微观企业日益受到金融市场投资吸引，特别是相对金融投资而言，固定资产投资面临的不确定性可能更高，所以实体企业进行金融投资既有现实动力又有可行性。对于企业配置金融资产的观察，最早来自对"现金持有"问题的研究（Keynes，1936），随着对企业金融资产配置的深入研究，现有文献主要集中在企业金融资产配置的影响因素、动机和经济后果三个方面。

1. 金融资产配置的影响因素

随着我国经济进入转轨攻关期，实体经济规模虽逐渐扩大，但发展质量却逐渐下降，导致大多数非金融企业金融资产比重快速上升，为了探究其原因，国内外学者对此展开了研究，发现主营业务利润率下滑（Krippner，2005；谢家智等，2014；王红建等；2016）和公司治理观念的转变（Sen and Dasgupta，2015）是导致这一现象的两个重要影响因素。

关于主营业务利润率下滑对企业金融资产配置的影响：Krippner（2005）通过对美国非金融企业进行研究，发现美国主营业务利润率随着日本企业在国际市场竞争力的提高开始出现下滑的现象，许多非金融企业为了应对经济冲击开始将资金转投金融资产；Demir（2009）通过对阿根廷、墨西哥和土耳其三个发展中国家金融资产投资不断增加、实体投资逐渐低迷的现象进行分析，认为实体经济投资回报率不断下降而金融资产投资回报率逐渐上升是造成企业持有金融资产的主要原因；我国学者在探究国内上市公司为何不断增加金融资产投资的主要因素时，也证实了主营业务利润率下滑会影响企业金融资产配置行为（谢家智等，2014；王红建等；2016）。

关于公司治理观念的转变对企业金融资产配置的影响：Lazonick（2010，2011）认为，美国企业的公司治理制度在股东价值观念的引导下发生了一系列变化，进而引起美国非金融企业金融资产比重增加；Sen and Dasgupta（2015）指出，由于股东价值观念的深化和股权激励的大规模使用，企业管理层出于自利动机和过度追求短期利润，会使企业将更多的资金投入高收益率的金融资产；邓超等（2017）以我国非金融上市公司为研究对象，发现企业金融化程度随着股东价值最大化观念的增强而加深；因此，他们认为公司治理理念的转变导致管理层更加注重投资金融资产来获取短期回报（Stockhammer，2004；徐经长和曾学云，2010）。

2. 金融资产配置的动机及经济后果

现有研究表明，企业持有金融资产的动机一方面是出于"预防性储蓄动机"（Duchin et al.，2017；胡奕明等，2017），一方面是出于"利润逐利动机"（Akkemik and Ozen，2014；张成思等，2016），究其根本原因是出于"蓄水池"理论和"投资代替"理论。由于企业持有金融资产的动机不同，所以给企业所带来的经济后果也不同。

(1)"预防性储蓄动机"及经济后果

"蓄水池"理论指出，企业持有金融资产的目的是流动性储备，为了防止现金冲击导致的资金短缺对企业经营带来的不利影响。Smith and Stulz（1985）以及 Stulz（1996）研究发现企业金融资产配置在生产经营活动中发挥着"蓄水池作用"，即基于预防储备的考虑，企业在资金充足时购买金融资产，在遭受负外部冲击时出售金融资产，以便获得更多的可支配资金，进而缓解外部财务困境的问题；Duchin et al.（2017）以发达国家为样本进行研究，发现企业持有金融资产的主要是出于预防性储蓄动机。当企业出于"蓄水池动机"配置金融资产时（胡奕明等，2017），在一定程度上降低了投资现金流的敏感性，为企业融资储备了资金，降低企业的杠杆率（刘贯春等，2018；吴军等，2018），缓解企业融资压力，实现再融资，进而增加企业对实体经济的投资（Aivazian et al.，2005；Denis et al.，2010）。

"蓄水池动机"反映了非金融企业增加金融资产持有比例对实体企业的生产经营产生的正向作用。然而，"蓄水池"理论所解释的企业持有金融的动机与我国经济情况不完全一样。根据该理论，企业在面临现金不确定和未来风险不确定的情况下，基于长期价值的考虑，会增加实体投资以提高未来主业业绩，进而需要大量的资金进行实体投资。因此，企业基于"蓄水池动机"，会持有较高水平的金融资产从而获得更多的可支配的资金，进而促进实体经济的发展，即企业金融资产配置对企业未来投资具有"蓄水池"效应。

（2）"利润逐利动机"及经济后果

投资替代理论认为，企业持有金融资产的动机出于逐利动机，当金融资产投资回报率高于实体经济时，企业会降低对实体经济的投资意愿，转而以金融资产代替投资，即金融资产会对实体投资产生"挤出"效应（Seo et al.，2012；Akkemik and Ozen，2014），金融资产的收益错配也会极大压抑企业投资固定资产的动力（张成思等，2016），从而抑制实体企业进行长期投入行为。当企业基于代理观配置金融资产行为所导致的"挤出"效应，不仅没有起到缓解融资约束的作用，而且加大了企业的融资难度（徐军辉，2013），增加了企业所面临的财务风险（黄贤环等，2018），抑制了企业的经营性投资，阻碍了企业价值增值（戚聿东等，2018），最终导致市场扭曲、经济结构失衡（罗来军等，2016），进而引起中国宏观经济产生波动（朱映惠，2017）。

投资替代理论认为，企业持有金融资产对实体企业的生产经营产生负面效应。根据我国经济现状，研究发现当企业面对经济形势变化时，企业持有金融资产并未扮演"蓄水池"角色缓解企业面临的未来不确定因素（杜勇等，2017），相反的"投资替代"效应更为凸显（彭俞超等，2018；胡奕明等，2017），即企业金融资产配置行为会对实体经济投资产生"挤出效应"。

4.2.1.2 市场化改革速度与金融资产配置

随着中国市场化改革的不断深化，不同地区、不同行业的财政压力和经济水平也存在显著的差异，因此，市场化改革速度的快慢将会对企业投资行为产生不同的影响。从市场化改革与金融资产配置静态角度，现有文献主要集中在市场化改革与自由现金流的分析方面：杨兴全等（2012，2014）发现随着市场化进程的推进，能够抑制多元化公司产生的代理冲突而提高内部资本市场的资本配置效率,从而进一步降低公司持有现金水平;随后又发现市场化程度对自由现金流的过度投资有抑制作用。从市场化改革与金融资产配置动态角度,现有文献主要集中在市场化进程与现金调整速度的分析上:何青和方才(2013)研究表明市场化程度越高,现金持有的调整速度越快,且从市场化进程的动态角度来看,市场化程度提高得越快,现金持有的调整速度也越快;钟海燕等(2014)立足国有企业市场化改革的制度背景,发现市场化改革进程越快,国有企业现金持有的调整速度越快。

4.2.1.3 现有研究不足

通过对企业金融资产配置的影响因素、动机和经济后果等三个方面对金融资产领域的文献进行梳理后发现:学者们对于企业金融资产配置行为的动机尚未达成一致观点;鲜有文献将金融资产作为一个整体分析制度因素变迁对企业金融资产配置的影响;鲜有文献从动态的角度探索市场化改革速度与企业金融资产配置之间的关系。因此,本章从市场化改革速度动态的角度研究其与金融资产配置之间的相关性,并考虑其在产权性质、地区和行业方面的异质性特征具有一定的创新性。

4.2.2 研究假设

(1)市场化改革速度与企业金融资产配置

现阶段,我国市场化改革已进入深水区,各地区市场化程度失衡,中西部大部分地区市场化改革程度还有待提高。为了优化经济结构、缩小地区差距,我国不断加快市场化改革进程。在经济转型攻关期,市场化改革速度对企业金融资产配置具有双重效应。一方面,在经济转轨初期,随着市场化改革速度的提高,为企业提供了更多的投资机会,各种金融产品层出不穷,其投资回报率高于实体经济投资,在代理理论下,股东为了实现自身权益最大化,管理层出于可高价行权的自利动机而过度追求短期利润最大化（Sen and Dasgupta，2015；邓超等，2017），导致非金融企业可能更愿意推迟直接投资，并出于投机动机持有更具有更高预期实际收益的金融资产（江春和李巍，2013），以获得高于业主投资的收益（王红建等，2017），因此，市场化改革速度的加快在经济转轨初期会提高企业金融资产配置水平；另一方面，当市场化改革速度达到某一临界值时，随着市场化改革速度的不断提高，使各方面的制度环境得以完善，市场竞争环境更加公平，促进了经济发展和结构转型，提高了全要素生产率，进而为企业提供了更多的投资回报率相对较高的实体投资机会，Baumol（1990）认为，良好的制度可以促进企业家更倾向于将资源配置到生产经营性活动中，因此，企业基于战略性长期发展的考虑，会抑制短期逐利动机，减少不利于企业长期价值增长的短期投资，转而将投资重心逐渐转移到实体经济投资，最终会对企业金融资产配置产生抑制作用。基于以上分析，本书提出假设 H4-1：

H4-1：市场化改革速度与企业金融资产配置呈倒"U"形关系。

（2）市场化改革速度对企业金融资产配置影响的地区差异性

随着我国经济进入转轨攻关期，市场化改革速度不断提高，但由于地理位置、历史原因和国家政策等因素，导致各地区改革速度存在差异，地区间的经济差距也在不断的扩大（姜巍，2019）。市场化改革对地区经济发展的影响存在门槛效应，能够促进东部地区经济以更快速度发展，而对中西部地区的带动作用较弱甚至不显著（孙晓华等，2015）。一方面，随着市场化改革速度提高东部地区经济发展迅速，出现更多的投资机会，金融资产投资相比于实体经济投资具有回报率高、投资期限短、资金利用率高等特点，管理层在短期内出于逐利动机，会降低对实体经济的投资意愿，提高对金融资产的投资意愿，因此，处于东部地区的企业，随着市场化改革的加快，受逐利动机驱使从事金融资产投资现象更为普遍；另一方面，为了促进实体经济发展，国家加快市场化改革速度，当市场化改革速度到达某一临界值时，市场经济蓬勃发展，全要素生产率逐渐提高，经济结构不断转型，企业可以通过开展生产经营性活动获得更高的收益；此外，处于东部地区的企业应对改革速度引起的市场需求、产业结构变化、制度环境变更的能力更强（彭俞超等，2018），因此，随着市场化改革速度的不断提高，处于东部地区的企业基于长期价值增长的考虑会抑制企业逐利行为，将更多的资金流向实体经济。

相反，对于中西部地区而言，普遍存在制度环境差、经济不发达、投机机会少的问题，致使市场机制的调节作用弱化，企业成长机制扭曲，导致企业正常的生产经营性活动无法得到有效的支持（郭熙保等，2019），反而面临更高的风险和不确定性，从而使企业投资行为受到限制；此外，市场化改革对经济发展具有门槛效应，对经济越发达的东部地区的带动作用越显著，反而对经济不发达的中西部带动作用较弱。因此，在同一时期，市场化改革速度不同会导致企业投资行为存在较大的差异。基于以上分析，本书提出假设 H4-2：

H4-2：市场化改革速度与企业金融资产配置的倒"U"形关系在东部地区更为显著。

(3) 市场化改革速度对企业金融资产配置影响的产权异质性

在中国的特殊制度背景下，企业产权性质的不同会对企业投资行为产生重大影响，由于不同产权性质的公司获得政府政治资源的能力存在显著的差异性，因此会影响企业金融资产的配置行为。与非国有企业相比，国有企业的"经济人"和"政治人"的双重角色形成了其经营目标"二重性"，其不仅追求利润最大化，而且还追求宏观经济调控、协调虚拟和实体经济等宏观目标（景维民等，2017），在市场化改革速度提高的过程中，其"经济人"和"政治人"双重属性不断地进行博弈而此消彼长。一方面,企业的国有产权性质有助于提高企业的资源获取能力(吴文铮等,2008),并获得政府在产品市场和要素市场政策方面具有先天优势(芮明杰等。2001),进而可以依靠政府获得更多的投资机会和资金支持;另一方面,国有企业的委托-代理问题更加严重,管理者基于自利动机更容易出现"短视"行为过度追求短期利润最大化(Sen and Dasgupta,2015;邓超等,2017;杜勇等,2017),同时,与实体经济投资相比,金融资产投资具有期限短、收益高的特点,因此,管理者可能会推迟期限较长的直接投资,因而导致创新投资动力匮乏、固定资产投资意愿降低,转而投向高投资回报率的金融资产。市场化改革速度的加快虽然为企业提供了大量的投资机会,降低了政府的控制,但是在经济转轨初期,国有企业改革领域普遍存在市场化程度不够、竞争中性原则落实不到位等问题,导致国有企业生产效率和创新效率低下,不利于国有经济增长(吴延兵,2012),因此,在经济转轨初期,随着市场化改革速度的提高,国有企业管理者"经济人"角色相对占主导地位,所以在短期内会出于"逐利动机"增加对金融资产的持有。然而,随着国家市场化改革速度的不断加快,与非国有企业相比,国有企业肩负着国家自主创新的重任,承担着发展实体经济的责任,当市场化改革速度不断提高时,为了稳定经济发展,国有企业"政治人"角色在改革中占主导地位并充当传递工具来实施宏观调控政策(景维民等,2018),协调虚拟和实体经济。在市场化改革速度不断提高的过程中,很多具有公共品性质的社会福利无法由市场提供,需要由国有企业履行这方面的公共职能(郭熙保等,2019)。此外,市场化改革速度的提高,使市场经济自由度较高,行业准入门槛较低,竞争环境较公平,从而引导企业将资源配置到生产经营性活动中创造利润,减少短期投资行为,从而降低对金融资产的持有水平。

相反,对于非国有企业而言,随着市场化改革速度的提高,政府对市场的干预程度逐渐减少，市场竞争环境日益激烈，其发展动力和研发压力也会随之增强，企业会将更多的精力和财力转移到研发活动（林慧婷等，2018）和实体投资，以期提高自身市场竞争力。因此，非国有企业出于自身利益最大化和长远的发展来看，虽然也会持有金融资产，但是因市场化改革速度变化引起金融资产配置先升后降的效应并不是很显著。基于以上分析，本书提出假设H4-3：

假设 H4-3：市场化改革速度与企业金融资产配置的倒"U"形关系在国有企业中更为显著。

（4）市场化改革速度对企业金融资产配置影响的行业异质性

市场化改革速度对企业金融资产配置除了存在区域性差异和产权异质性，也存在行业异质性。技术密集型企业行业属性决定其投资偏好于研发投入，当外部环境发生变化时，将会表现出更强的敏感性。市场化改革速度的加快，降低了政府对企业的干预，为企业营造了更加公平的竞争环境，增强了企业的研发压力和研发动力，为了在激烈的行业竞争中存活下来，必须进行研发创新以提高自身竞争力。因此，技术密集型企业为了长期生存下去会增加研发投入，其通过持有金融资产提高短期利润的动机较小（安磊等，2018；林慧婷等，2018）。相对于非技术密集型企业，随着市场化改革速度的加快，拥有更多的投资机会，且其研发投入规模相对较小，因此，会将更多的资金进行短期投资，所以当金融资产收益率较高时，非技术密集型企业出于短期套利的可能，会增加对金融资产的持有比例来增加短期利润。但当市场化改革速度到达某一临界值时，为实体经济的转轨提供了良好的市场环境，实体投资回报率逐渐提高，非技术密集型企业为了在激烈竞争的环境中生存下来，会抑制"逐利动机"转而将更多的资金用于固定资产等长期投资，从而扩大企业自身发展规模，提高企业市场竞争力，因此，非技术密集型企业基于长期发展的考虑，会增加实体经济投资减少金融资产投资。基于以上分析，本书提出假设H4-4：

假设H4-4：市场化改革速度与企业金融资产配置的倒"U"形关系在非技术密集型行业中更为显著。

4.3 研究设计

4.3.1 样本选择与数据来源

本章市场化改革速度的计算是以市场化进程指数为基础，市场化进程指数数据来自Wind数据库，以2008年为基数，计算得到2009—2016年的市场化改革速度数据。本章的其他数据来自国泰安数据库，并以沪、深A股上市企业2009—2016年非平衡面板数据为样本，剔除了房地产和金融行业公司；剔除了ST、PT公司；剔除了部分财务数据缺失的公司；并对所有连续变量进行1%和99%分位上进行winsorize缩尾处理。最终，得到16465个有效观测值，使用stata15进行处理。

4.3.2 变量定义

1. 金融资产的衡量

已有文献关于金融资产的衡量各有不同，现有研究根据金融资产是否包括长期股权投资区分为广义的金融资产和狭义的金融资产（张成思和张步昙，2016；胡奕明等，2017；刘贯春，2017）。本章借鉴Penman-Nissim（2001）提出的财务分析框架，将金融资产从资产负债表中剥离出来，同时结合会计准则的界定，将金融资产定义为货币资金、交易性金融资产、可供出售金融资产、持有至到期投资、长期股权投资和投资性房地产。在进行回归分析时用金融资产占总资产的比重来衡量企业金融资产配置水平（杜勇等，

2017)。

2. 市场化改革速度的衡量

市场化改革速度的计算以市场化进程指数为基础,数据来自 Wind 数据库,参照 Banalieva et al. (2015) 和林慧婷等 (2018) 做法,具体定义为:$M-speed_{i,j}=Actualspeed_{i,j}/Fasterestspeed_{i,j}$,其中 $Actualspeed_{i,j}$ 是指 i 年 j 省份的实际市场化改革速度,计算方法为(i 年 j 省份的市场化指数 – 基期 j 省份的市场化指数)/第 i 年到基期的跨越的年度;$Fasterestspeed_{i,j}$ 是指 j 省份可能达到的最快市场化改革速度,计算方法为(市场化指数的最大值 – j 省份基期市场化指数)/1。本章以 2008 年为基期,且市场化指数评分标准的最大值为 10,最小值为 0,按照以上说明进行取值。

3. 控制变量

本章参考安磊等(2018)和彭俞超等(2018)的做法,主要控制了财务特征变量和公司治理变量,其中财务特征变量包括固定资产投资(FA)、有形资产投资(TANG)、现金流量(CFLOW)、盈利能力(PRO)、成长性(GROWTH)、公司规模(SIZE)、融资成本(FCOST)、资本结构(LEV)以及成长机会(TQ);而治理特征变量则包括股权集中度(FS)、董事会规模(BDS)、独立董事比例(IND)、两职合一情况(CIP)以及产权性质(SOE)。同时,还控制了行业固定效应(Industry)和年份固定效应(Year)。各主要变量具体含义如表 4–1 所示:

表 4–1　　　　　　　　变量定义

变量类型	变量名称	符号	定义
被解释变量	金融资产	FIN	FIN =(货币资金 + 交易性金融资产 + 持有至到期投资 + 衍生金融资产 + 可供出售金融资产 + 投资性房地产 + 长期股权投资)/总资产

续表

变量类型	变量名称	符号	定义
解释变量	市场化改革速度	SPEED	根据 Wind 数据库中国市场化指数报告为基础进行计算
控制变量	固定资产投资	FA	固定资产/总资产
	有形资产投资	TANG	有形资产/总资产
	现金流量	CFLOW	经营活动现金流量/总资产
	盈利能力	PRO	总资产净利润率
	成长性	GROWTH	总资产增长率
	公司规模	SIZE	LN 总资产
	融资成本	FCOST	财务费用/（负债 - 应付账款）
	资本结构	LEV	资产负债率
	成长机会	TQ	市场价值与账面价值之比
	股权集中度	FS	第一大股东持股比例
	董事会规模	BDS	LN 董事会人数
	独立董事比例	IND	独立董事占董事会人数的比例
	两职兼任情况	CIP	虚拟变量，若董事长与总经理兼任取 1；否则取 0
	产权性质	SOE	国有企业取 1，非国有企业取 0
	行业固定效应	Industry	行业虚拟变量
	年份固定效应	Year	年份虚拟变量

4.3.3 模型设计

本章在安磊等（2018）建立的模型基础上加入宏观层面的解释变量市场化改革速度（$MSPEED$），并引入市场化改革速度的二次项（$MSPEED^2$），对 H4 - 1、H4 - 2 和 H4 - 3 进行检验。在模型（4 - 1）中，为了降低被解释变量与解释变量之间因双向因果而产生的内生性问题，参考安磊等（2018）的做法，将所有解释变量均作滞后一期处理。为了控制年度和行业固定效应,加入了年度和行业的哑变量。采用混合回归来估计模型,为了避免序列相关和异方差等问题的干扰,标准误差进行了公司层面的 cluster 处理。

在模型(4-1)中,若 $MSPEED$ 的二次项 α_2 系数显著为负时,表明市场化改革速度与企业金融资产配置呈倒"U"形关系,证明 H4-1 成立。对于 H4-2 和 H4-3,通过分样本分别进行回归分析。按照企业注册省份所处的地区,将研究样本分为东部地区和中西部地区两个子样本;按照企业产权性质,将研究样本分为国有企业和非国有企业两个子样本,分别对模型进行回归分析,通过比较两个子样本的 $MSPEED$ 的二次项系数是否存在显著性差异,对 H4-2 和 H4-3 进行验证。

对于 H4-4,本章同样使用分样本进行回归分析。本章参考安磊等(2018)和邵敏等(2011)的研究,并结合证监会 2012 年行业分类准则,将医药制造业、计算机、通信和其他电子设备制造业、仪器仪表制造业、铁路、船舶、航空航天和其他运输设备制造业等四类行业划分为技术密集型行业;其他行业划分为非技术密集型企业。因此,将研究样本分为技术密集型行业和非技术密集型行业两个子样本,分别对模型进行回归分析,通过比较两个子样本的 $MSPEED$ 的二次项系数是否存在显著性差异,对 H4-4 进行验证。

$$\begin{aligned}FIN_{i,t} =\ & \alpha_0 + \alpha_1 SPEED_{i,t-1} + \alpha_2 SPEED^2_{i,t-1} + \alpha_3 FA_{i,t-1} + \alpha_4 TANG_{i,t-1} \\ & + \alpha_5 CFLOW_{i,t-1} + \alpha_6 PRO_{i,t-1} + \alpha_7 GROWTH_{i,t-1} + \\ & \alpha_8 SIZE_{i,t-1} + \alpha_9 FCOST_{i,t-1} + \alpha_{10} LEV_{i,t-1} + \alpha_{11} TQ_{i,t-1} + \\ & \alpha_{12} FS_{i,t-1} + \alpha_{13} BDS_{i,t-1} + \alpha_{14} IND_{i,t-1} + \alpha_{15} CIP_{i,t-1} + \\ & \alpha_{16} SOE_{i,t-1} + Year + \text{Industry} + \varepsilon_{i,t} \end{aligned} \quad (4-1)$$

4.3.4 描述性统计分析

表 4-2 为主要变量的描述性统计结果。实体企业配置金融资产(FIN)的均值为 0.268,最大值为 0.803,最小值为 0.030,标

准差为 0.173，表明在不同的企业金融资产的持有水平存在显著的差异，分布比较分散。市场化改革速度（MSPEED）均值为 0.072，最大值为 0.244，最小值为 -0.038，标准差为 0.059，表明各个省份不同年度的市场化改革速度存在较大的差异，为检验本章地区差异化提供了客观条件。固定资产投资（FA）的均值为 0.236，小于金融资产投资均值（0.236<0.268），说明现阶段我国实体企业对固定资产等实体投资逐渐减少，金融资产持有比例处于上升趋势。此外，将所有变量与企业金融资产配置进行了 Pearson 相关系数检验，结果显示，市场化改革速度与企业金融资产配置之间的相关系数为 0.101，且在 1% 水平上显著为正，为市场化改革速度与企业金融资产配置存在相关性提供了初步的证据。

表4-2　　　　　　　　描述性统计分析

变量	样本数	均值	标准差	p25	中位数	p75	最小值	最大值	相关系数
FIN	16465	0.268	0.173	0.136	0.223	0.362	0.030	0.803	1
MSPEED	16465	0.072	0.059	0.025	0.058	0.117	-0.038	0.244	0.101***
FA	16465	0.236	0.168	0.106	0.199	0.333	0.005	0.730	-0.471***
TANG	16465	0.932	0.083	0.922	0.957	0.979	0.521	1	0.186***
CFLOW	16465	0.044	0.072	0.004	0.043	0.0860	-0.179	0.242	0.067***
PRO	16465	0.042	0.052	0.015	0.039	0.0680	-0.171	0.195	0.261***
GROWTH	16465	0.255	0.481	0.024	0.115	0.274	-0.264	2.895	0.291***
SIZE	16465	21.890	1.256	20.980	21.720	22.590	19.300	25.810	-0.221***
FCOST	16465	-0.004	0.090	-0.007	0.018	0.0360	-0.566	0.088	-0.438***
LEV	16465	0.421	0.217	0.246	0.410	0.585	0.0430	0.950	-0.419***
TQ	16465	2.554	2.292	1.075	1.877	3.224	0.218	13.410	0.210***
FS	16465	35.630	15.04	23.700	33.820	46.09	8.790	74.960	-0.021***
BDS	16465	2.154	0.198	2.079	2.197	2.197	1.609	2.708	-0.082***
IND	16465	0.372	0.053	0.333	0.333	0.400	0.333	0.571	0.006

续表

变量	样本数	均值	标准差	p25	中位数	p75	最小值	最大值	相关系数
CIP	16465	0.254	0.436	0	0	1	0	1	0.088***
SOE	16465	0.408	0.492	0	0	1	0	1	−0.119***

4.4 实证结果分析

4.4.1 市场化改革速度与企业金融资产配置

表4−3列示了市场化改革速度与企业金融资产配置的回归结果。表4−3中第（1）列表明在未控制年度和行业哑变量情况下市场化改革速度与企业持有金融资产比例之间的关系；第（2）列表明在控制年度和行业哑变量情况下的二者之间的关系。根据第（2）列可知，市场化改革速度二次项系数（$MSPEED^2$）为−1.138，且在1%的水平上均显著为负，表明市场化改革速度与企业金融资产配置呈倒"U"形关系，即随着市场化改革速度的加快，企业会增加对金融资产的持有，超过某一临界值时则会出现相反的结果。此外，通过第（2）列计算，当市场化改革速度 = 0.295/（2×1.138）= 0.1296时，企业金融资产的持有量达到最大，随着市场化改革速度的不断提高，企业逐渐恢复对实体经济的投资，会减少对金融资产的配置。在保持其他变量不变的前提下，当市场化改革速度（MSPEED）由均值0.072上升到0.1296时，企业金融资产持有比例由0.15%上升到0.19%，增长率为26.67%；当市场化改革速度（MSPEED）到达拐点0.1296时，市场化改革速度每提高1%，企业金融资产持有比例下降比率为0.28%。目前，我国市场化改革速度的平均水平为0.072，远远低于市场化改

革速度的临界值，市场化改革速度在上升期间非金融企业持有金融资产的比例在逐渐上升，这与我国实体经济投资低迷，金融资产投资发展迅速的现状相一致。因此，在经济转轨攻关期，市场化改革速度还未达到临界值，在这期间企业会增加对金融资产的持有比例；当市场化改革速度到达临界值时，企业会随着市场化改革速度的提高而降低金融资产持有水平。综合以上分析，验证了H4-1，即市场化改革速度与企业金融资产配置呈倒"U"形关系。

表4-3　市场化改革速度与企业金融资产配置

Independent Variables	Fin	
	(1)	(2)
MSPEED	0.213***	0.295***
	(4.25)	(3.58)
MSPEED^2	-0.778***	-1.138***
	(-3.01)	(-3.00)
FA	-0.368***	-0.377***
	(-45.13)	(-21.59)
TANG	0.389***	0.401***
	(24.70)	(16.24)
CFLOW	0.409***	0.357***
	(22.15)	(13.71)
PRO	-0.144***	-0.216***
	(-5.18)	(-5.47)
GROWTH	0.031***	0.023***
	(12.20)	(6.71)
SIZE	-0.002	0.003
	(-1.63)	(1.30)

续表

Independent Variables	Fin	
	(1)	(2)
FCOST	-0.262***	-0.242***
	(-18.27)	(-9.72)
LEV	-0.130***	-0.155***
	(-17.28)	(-9.81)
TQ	0.005***	0.005***
	(7.52)	(3.89)
FS	-0.000***	-0.000**
	(-5.54)	(-2.39)
BDS	0.005	-0.010
	(0.74)	(-0.84)
IND	-0.022	-0.027
	(-0.87)	(-0.72)
CIP	-0.009***	-0.007
	(-3.24)	(-1.52)
SOE	0.044***	0.025***
	(15.67)	(4.60)
YEAR	未控制	控制
INDUSTRY	未控制	控制
N	13282	13282
Adj. R^2	0.328	0.396

注：括号中为 z 值；**、*** 分别表示 5%、1% 显著性水平，所有检验的标准误差均经过企业层面的（cluster）调整。

4.4.2 不同地区下市场化改革速度对企业金融资产配置的检验

表4-4为不同地区下市场化改革速度对企业金融资产配置的

检验。由回归结果可知,在东部地区,市场化改革速度的二次项系数为 -1.385,且在 1% 水平上显著为负;表明在经济转轨攻关期,东部地区的企业随着市场化改革速度的提高在短期内会出于逐利动机增加对金融资产的持有比例,但当改革速度到达某一临界值时,国家各项助推实体经济发展的措施得以完善,东部地区的企业会更快的受惠于市场化改革带来的好处,更快的响应国家着力发展实体经济的号召,从而促进实体经济的发展。在东部子样本中,市场化改革速度均值为 0.0954,与临界值差距较小,因此,提高市场化改革速度对企业金融资产配置的影响更快。

而对于在中西部地区而言,市场化改革速度的二次项系数为 2.300,与东部地区系数符号相反,且未通过显著性检验。由于各地区的地理位置、国家政策存在显著性差异,导致各地区的发展速度不同步,中西部地区的市场化改革速度的均值(0.02918)远远低于东部地区(0.0954),同时也缺乏投资机会和投资渠道。这也从侧面反映了经济越发达,市场化改革效应越明显,经济越落后,市场化的作用反而越微弱。基于以上分析,验证了 H4-2,即市场化改革速度与企业金融资产配置的倒 "U" 形关系在东部地区更为显著。

表 4-4　不同地区下市场化改革速度对企业金融资产配置的检验

Independent Variables	Fin	
	东部地区	中西部地区
MSPEED	0.336***	-0.094
	(3.26)	(-0.55)
MSPEED^2	-1.385***	2.300
	(-3.17)	(0.69)
FA	-0.404***	-0.307***
	(-19.05)	(-9.85)

续表

Independent Variables	Fin	
	东部地区	中西部地区
TANG	0.428***	0.340***
	(13.99)	(8.41)
CFLOW	0.396***	0.289***
	(12.62)	(6.30)
PRO	-0.288***	-0.080
	(-5.81)	(-1.24)
GROWTH	0.024***	0.017**
	(6.44)	(2.43)
SIZE	0.003	0.001
	(1.09)	(0.12)
FCOST	-0.229***	-0.255***
	(-8.43)	(-4.47)
LEV	-0.167***	-0.124***
	(-8.46)	(-4.77)
TQ	0.006***	0.003
	(4.03)	(1.15)
FS	-0.000	-0.001***
	(-1.25)	(-2.74)
BDS	-0.020	0.020
	(-1.29)	(1.14)
IND	-0.072	0.093
	(-1.60)	(1.37)
CIP	-0.001	-0.017**
	(-0.15)	(-2.11)
SOE	0.040***	-0.008
	(5.70)	(-0.99)

续表

Independent Variables	*Fin*	
	东部地区	中西部地区
YEAR	控制	控制
INDUSTRY	控制	控制
N	9033	4249
Adj. R^2	0.418	0.349

注：括号中为 z 值；**、*** 分别表示 5%、1% 显著性水平，所有检验的标准误差均经过企业层面的（cluster）调整。

4.4.3 不同产权性质下市场化改革速度对企业金融资产配置的检验

表 4-5 为不同产权性质下市场化改革速度对企业金融资产配置的检验。由回归结果可知，在国有企业中，市场化改革速度二次系数为 -1.259，在 5% 水平上显著为负；在非国有企业中，市场化改革速度二次项系数为 -0.628，且不显著。这表明市场化改革速度与企业金融资产配置的倒"U"形关系在国有企业中更为显著。

国有企业的"经济人"和"政治人"的双重属性决定了其经营目标的"二重性"。一方面，由于国有企业存在更为严重的委托—代理问题，管理者作为"经济人"更容易出于"短视"投资高收益的金融资产以追求短期业绩；另一方面，国有企业肩负着发展实体经济、振兴实体经济的重任，在市场化改革速度不断提高的过程中，国有企业"政治人"角色在改革中占主导地位，会抑制"逐利动机"并减少金融资产配置水平，促进实体经济发展。基于以上分析，验证了 H4-3，即市场化改革速度与企业金融资产配置的倒"U"形关系在国有企业中更为显著。

表4-5 不同产权性质下市场化改革速度对企业金融资产配置的检验

Independent Variables	Fin	
	国有企业	非国有企业
MSPEED	0.428***	0.105
	(3.61)	(0.94)
MSPEED²	-1.259**	-0.628
	(-2.02)	(-1.28)
FA	-0.362***	-0.377***
	(-14.02)	(-16.11)
TANG	0.381***	0.398***
	(8.25)	(14.45)
CFLOW	0.210***	0.438***
	(4.73)	(14.20)
PRO	-0.089	-0.268***
	(-1.51)	(-5.32)
GROWTH	-0.017*	0.029***
	(-1.80)	(7.96)
SIZE	0.002	0.006
	(0.49)	(1.56)
FCOST	-0.302***	-0.253***
	(-4.27)	(-9.46)
LEV	-0.173***	-0.127***
	(-6.75)	(-6.53)
TQ	0.006*	0.005***
	(1.93)	(3.70)
FS	-0.000	-0.000***
	(-0.01)	(-2.79)
BDS	-0.001	-0.007
	(-0.05)	(-0.41)

续表

Independent Variables	Fin	
	国有企业	非国有企业
IND	-0.001 (-0.01)	-0.017 (-0.32)
CIP	0.000 (0.03)	-0.007 (-1.41)
YEAR	控制	控制
INDUSTRY	控制	控制
N	5592	7690
Adj. R^2	0.429	0.399

注：括号中为 z 值；*、**、*** 分别表示10%、5%、1%显著性水平，所有检验的标准误差均经过企业层面的（cluster）调整。

4.4.4 不同行业下市场化改革速度对企业金融资产配置的检验

表4-6为不同行业类型下市场化改革速度对企业金融资产配置的检验。由回归结果可知，在非技术密集型行业中，市场化改革速度二次项系数为-1.162，且在1%水平上显著为负；而在技术密集型行业中，市场化改革速度二次项系数为-1.159，且未通过显著性检验；这表明市场化改革速度对技术密集型企业的金融资产配置行为影响较弱，对非技术密集型企业的金融资产配置行为影响较强，即市场化改革速度与企业金融资产配置的倒"U"形关系在非技术密集型企业中更为显著。

表4-6　不同行业下市场化改革速度对企业金融资产的检验

Independent Variables	Fin	
	技术密集型行业	非技术密集型行业
MSPEED	0.274 (1.43)	0.310*** (3.38)

续表

Independent Variables	Fin	
	技术密集型行业	非技术密集型行业
$MSPEED^2$	-1.159	-1.162***
	(-1.29)	(-2.76)
FA	-0.467***	-0.361***
	(-11.35)	(-18.68)
TANG	0.394***	0.402***
	(7.81)	(14.41)
CFLOW	0.284***	0.364***
	(4.09)	(13.10)
PRO	-0.195**	-0.211***
	(-2.23)	(-4.86)
GROWTH	0.028***	0.021***
	(4.01)	(5.41)
SIZE	0.005	0.003
	(0.64)	(1.17)
FCOST	-0.249***	-0.234***
	(-5.03)	(-8.14)
LEV	-0.155***	-0.156***
	(-3.85)	(-9.14)
TQ	0.004*	0.005***
	(1.65)	(3.73)
FS	-0.001*	-0.000*
	(-1.93)	(-1.93)
BDS	-0.005	-0.012
	(-0.17)	(-0.93)
IND	-0.005	-0.035
	(-0.06)	(-0.83)

续表

Independent Variables	Fin	
	技术密集型行业	非技术密集型行业
CIP	-0.023** (-2.50)	-0.002 (-0.44)
SOE	0.016 (1.31)	0.027*** (4.32)
YEAR	控制	控制
INDUSTRY	控制	控制
N	2334	10798
Adj. R^2	0.368	0.404

注：括号中为 z 值； *、**、*** 分别表示 10%、5%、1% 显著性水平，所有检验的标准误差均经过企业层面的（cluster）调整。

4.5 稳健性检验

4.5.1 内生性检验

在基准模型中，本章增加了一些控制变量，并将所有解释变量和控制变量滞后一期，同时控制了年份、行业和公司层面，尽可能的减少遗漏解释变量可能带来的内生性问题。出于稳健性考虑，将市场化改革速度指数滞后二期作为工具变量，采用两阶段最小二乘法对模型重新进行回归，结果如表 4-7 所示，得到与前文一致的结果。

表4-7　内生性问题进一步处理的回归结果

Independent Variables	Fin							
	(1)	(2)	(3)	(4)	(5)	(6)	(7)	(8)
	全样本	全样本	东部地区	中西部	国有企业	非国有企业	技术密集型	非技术密集型
MSPEED	0.273**	0.331***	0.480***	-0.389	0.625***	0.047	0.512**	0.332***
	(3.16)	(3.38)	(3.00)	(-1.95)	(4.39)	(0.34)	(2.14)	(2.99)
$MSPEED^2$	-1.066**	-1.501***	-2.185***	4.931	-2.261***	-0.616	-2.503**	-1.419***
	(-2.53)	(-3.20)	(-3.17)	(1.51)	(-3.09)	(-0.97)	(-2.18)	(-2.67)
Controls	未控制	控制	控制	控制	控制	控制	控制	控制
Year	未控制	控制	控制	控制	控制	控制	控制	控制
Industry	未控制	控制	控制	控制	控制	控制	控制	控制
N	10560	10560	7142	3418	4529	5838	1784	8540
$Adj. R^2$	0.298	0.323	0.345	0.273	0.369	0.307	0.329	0.323

注：括号中为z值；**、***分别表示5%、1%显著性水平，所有检验的标准误差均经过企业层面的（cluster）调整。

4.5.2 对金融资产的衡量指标进行替换

为了验证本章结论的稳健性，对金融资产的衡量指标进行替换，采用狭义的金融资产作为辅助衡量指标（不包括长期股权投资），作为代理变量重新代入模型进行回归，结果如表 4-8 所示。根据表 4-8 显示回归结果仍与前文保持一致。

4.5.3 对市场化改革速度指标重新进行计算

本章参照 Banalieva et al.（2015）定义的 $M-speed2i,j = Actualspeedi,j/Steadspeedi,j$，其中 $Actualspeedi,j$ 计算方法与前文一致，$Steadspeedi,j =$（市场化指数的最大值 $-j$ 省份基期市场化指数）/（2016 - 2008）。将计算后的指数重新代入模型进行检验，结果如表 4-9 所示。根据表 4-9，可以看出回归结果仍与前文保持一致，再次证明了本章结论的稳健性。

4.6 作用机制检验

基于以上研究证明市场化改革速度与企业金融资产配置呈倒"U"形关系，但是企业对于金融资产配置的动机是否出于"逐利"动机还是"蓄水池"动机，尚需进一步检验。此外，企业在一定时间内，资金的有限性必然导致金融资产投资与实体经济投资此消彼长，那么市场化改革速度与实体经济投资的关系是否为正"U"形，还有待进一步验证。

4.6.1 市场化改革速度与企业实体经济投资

为了再一次验证市场化改革速度与企业金融资产配置呈倒"U"形，本章引入实体经济投资，参照杜勇等（2017）将实体经

表 4-8　替换企业金融资产变量的回归结果

Independent Variables	(1) 全样本	(2) 全样本	(3) 东部地区	(4) 中西部	(5) 国有企业	(6) 非国有企业	(7) 技术密集型	(8) 非技术密集型
	Fin							
$MSPEED$	0.229*** (5.14)	0.241*** (3.58)	0.173* (1.93)	0.012 (0.09)	0.348*** (3.48)	0.121 (1.32)	0.279* (1.73)	0.249*** (3.34)
$MSPEED^2$	-1.005*** (-4.35)	-1.038*** (-3.27)	-0.834** (-2.17)	1.052 (0.38)	-1.375*** (-2.63)	-0.642 (-1.55)	-1.304 (-1.63)	-1.038*** (-2.98)
Controls	控制	控制	控制	控制	控制	控制	控制	控制
Year	未控制	控制	控制	控制	控制	控制	控制	控制
Industry	未控制	控制	控制	控制	控制	控制	控制	控制
N	13282	13282	9033	4249	5592	7690	2334	10798
$Adj. R^2$	0.378	0.422	0.438	0.380	0.425	0.426	0.406	0.424

注：括号中为 z 值；*、**、*** 分别表示 10%、5%、1% 显著性水平，所有检验的标准误差均经过企业层面的（cluster）调整。

表4-9 对市场化改革速度重新计算的回归结果

Independent Variables	(1)	(2)	(3)	(4)	(5)	(6)	(7)	(8)
				Fin				
	全样本	全样本	东部地区	中西部	国有企业	非国有企业	技术密集型	非技术密集型
$MSPEED$	0.025***	0.037***	0.045***	-0.003	0.428***	0.105	0.040*	0.038***
	(4.26)	(3.92)	(3.71)	(-0.20)	(3.61)	(0.94)	(1.88)	(3.56)
$MSPEED^2$	-0.012***	-0.017***	-0.024***	0.013	-1.259**	-0.628	-0.019	-0.017***
	(-3.25)	(-3.11)	(-3.54)	(1.23)	(-2.02)	(-1.28)	(-1.48)	(-2.77)
$Controls$	控制	控制	控制	控制	控制	控制	控制	控制
$Year$	未控制	控制	控制	控制	控制	控制	控制	控制
$Industry$	未控制	控制	控制	控制	控制	控制	控制	控制
N	13282	13282	9033	4249	5592	7690	2334	10798
$Adj. R^2$	0.327	0.397	0.419	0.349	0.429	0.399	0.369	0.404

注：括号中为z值；*、**、***分别表示10%、5%、1%显著性水平，所有检验的标准误差均经过企业层面的（cluster）调整。

济投资（CapitalInv）定义为：（固定资产+在建工程+工程物资）/总资产，并建立模型（4-2）。模型（4-2）是为了验证市场化改革速度与实体经济投资之间的关系，若 $\beta_2 > 0$，且显著为正，说明市场化改革速度与实体经济投资呈正"U"形关系。

$$CapitalInv_{i,t} = \beta_0 + \beta_1 SPEED_{i,t-1} + \beta_2 SPEED_{i,t-1}^2 + \beta_3 FA_{i,t-1} + \beta_4 TANG_{i,t-1} + \beta_5 CFLOW_{i,t-1} + \beta_6 PRO_{i,t-1} + \beta_7 GROWTH_{i,t-1} + \beta_8 SIZE_{i,t-1} + \beta_9 FCOST_{i,t-1} + \beta_{10} LEV_{i,t-1} + \beta_{11} TQ_{i,t-1} + \beta_{12} FS_{i,t-1} + \beta_{13} BDS_{i,t-1} + \beta_{14} IND_{i,t-1} + \beta_{15} CIP_{i,t-1} + \beta_{16} SOE_{i,t-1} + Year + Industry + \varepsilon_{i,t} \quad (4-2)$$

表4-10检验了市场化改革速度与企业实体经济投资之间的关系。表4-10中第（1）列显示在未控制年度和行业哑变量情况下的市场化改革速度与企业实体经济投资之间的关系；第（2）列显示为控制年度和行业哑变量情况下的二者之间的关系。根据回归结果第2列可知，市场化改革速度二次项系数（$MSPEED^2$）为0.892，且在1%的水平上均显著为正，表明市场化改革速度与企业实体经济投资呈正"U"形关系，即随着市场化改革速度的加快，促进了金融产品的产生，且金融产品投资回报率高于实体投资，因此，在短期内企业会减少对实体经济的投资；但超过某一临界值时则企业会逐渐将投资重心转移到实体经济。根据表4-10第（2）列可以计算出，市场化改革速度临界值=0.234/（2×0.892）=0.1312，与持有金融资产临界值0.1296，相差不大，可以反映出实体经济投资对制度变迁冲击的反应具有一定的滞后性，而金融资产投资对制度变迁冲击的反应相对敏感。

表4-10 市场化改革速度与企业实体经济投资

Independent Variables	CapitalInv	
	(1)	(2)
MSPEED	-0.410***	-0.234***
	(-11.41)	(-3.86)

续表

Independent Variables	CapitalInv	
	(1)	(2)
$MSPEED^2$	1.616***	0.892***
	(8.70)	(3.13)
FA	0.961***	0.867***
	(164.21)	(74.79)
TANG	0.053***	0.086***
	(4.68)	(5.47)
CFLOW	0.004	0.021
	(0.33)	(1.39)
PRO	-0.038*	-0.082***
	(-1.90)	(-2.65)
GROWTH	0.021***	0.019***
	(11.20)	(9.35)
SIZE	0.009***	0.009***
	(9.19)	(5.28)
FCOST	-0.041***	-0.022*
	(-3.95)	(-1.67)
LEV	-0.023***	-0.009
	(-4.18)	(-1.06)
TQ	-0.004***	-0.003***
	(-9.55)	(-3.20)
FS	0.000***	0.000
	(2.85)	(0.53)
BDS	0.020***	0.010
	(3.94)	(1.21)
IND	0.015	0.017
	(0.82)	(0.64)

续表

Independent Variables	CapitalInv	
	(1)	(2)
CIP	0.005**	0.004
	(2.44)	(1.41)
SOE	-0.004*	-0.007**
	(-1.92)	(-2.12)
YEAR	未控制	控制
INDUSTRY	未控制	控制
N	13282	13282
Adj. R^2	0.748	0.771

注：括号中为 z 值；*、**、*** 分别表示 10%、5%、1% 显著性水平，所有检验的标准误差均经过企业层面的（cluster）调整。

4.6.2 "蓄水池"效应检验

若企业金融资产配置行为是出于"蓄水池"动机，那么企业持有金融资产会缓解未来投资不足，即金融资产投资对实体经济投资存在"蓄水池效应"。本章为了验证"蓄水池效应"是否存在，本章借鉴 Richardson（2006）的模型来估计企业投资不足程度，具体如下。

$$\text{Inv}_{i,t} = \theta_0 + \theta_1 \text{Inv}_{i,t-1} + \theta_2 Growth_{i,t-1} + \theta_3 Lev_{i,t-1} + \theta_4 Cash_{i,t-1} + \theta_5 Age_{i,t-1} + \theta_6 Size_{i,t-1} + \theta_7 Ret_{i,t-1} + Year + Industry + \varepsilon_{i,t} \quad (4-3)$$

其中 Inv =（购建固定资产、无形资产和其他长期资产支付的现金 + 取得子公司及其他营业单位支付的现金净额 - 处置固定资产、无形资产和其他长期资产收回的现金净额 - 处置子公司及其他营业单位收到的现金净额）/总资产；Growth 为主营业务收入增长率；Lev 为资产负债率；Cash 为现金及现金等价物/总资产；Age 为企业上市年限；Size = Ln（总资产）；Ret 为考虑现金红利再投资的年个回报率。

通过对模型（4-3）进行回归，得到残差 e，用来表示企业非效率水平，若 e<0，表示企业投资不足；若 e>0，表示企业投资过度。本章参照杜勇等（2017）做法进行检验：构建虚拟变量，按照残差大小进行排序，将观测值小于 1/4 分位数的样本取值为 1，代表投资不足，其余为 0。同时，构建模型（4-4），具体如下。若 $\lambda_1<0$，且显著为负，说明企业出于"蓄水池"动机配置金融资产能有效缓解未来投资不足；反之，λ_1 系数显著为正，则说明企业金融资产配置行为会加剧未来投资不足。

$$Inv_{i,t} = \lambda_0 + \lambda_1 FIN_{i,t-1} + \lambda_2 FA_{i,t-1} + \lambda_3 TANG_{i,t-1} + \lambda_4 CFLOW_{i,t-1} + \lambda_5 PRO_{i,t-1} + \lambda_6 GROWTH_{i,t-1} + \lambda_7 SIZE_{i,t-1} + \lambda_8 FCOST_{i,t-1} + \lambda_9 LEV_{i,t-1} + \lambda_{10} TQ_{i,t-1} + \lambda_{11} FS_{i,t-1} + \lambda_{12} BDS_{i,t-1} + \lambda_{13} IND_{i,t-1} + \lambda_{14} CIP_{i,t-1} + \lambda_{15} SOE_{i,t-1} + Year + Industry + \varepsilon_{i,t} \quad (4-4)$$

本章采用 Logit 回归验证了企业未来投资与金融资产配置之间是否存在"蓄水池效应"，回归结果为表 4-11。表 4-11 中第（1）列显示未控制年度和行业哑变量情况下的企业未来投资不足与金融资产配置之间的关系；第二列显示为控制年度和行业哑变量情况下的二者之间的关系。根据回归结果第（2）列可知，金融资产（FIN）的回归系数为 1.012，且在 1% 水平上显著为正，说明企业随着金融资产配置的增加会加剧企业未来投资不足的现状，即金融资产投资会对未来投资不足未产生"蓄水池效应"。回归结果第（3）列和第（4）列是按前文市场化改革速度与企业金融配置之间的倒"U"形关系计算出的临界点进行分组回归，表中第（3）列金融资产（FIN）的回归系数为 1.056，在 1% 水平上显著为正，说明了随着市场化改革速度的加快，企业金融资产配置行为不但没有缓解未来投资不足，反而加剧了这种现状；第（4）列金融资产系数（FIN）的回归系数为 1.752，在 5% 水平上显著为正，表明当市场化改革速度达到某一临界值时，企业金融资产配置行为随着市场化改革速度的提高能稍微缓解未来投资不足。因此，回归结果没有足够的证据证明企业配置金融资产是出于"蓄水池动机"，从而有效的缓解实体企业为了投资不足，相反在一定程度上反映加剧了实体企业未来投资不足。综上所述，随着市场化改革速度的提高，没有足够的证据显示企业金融资产配置行为是出于"蓄水池动机"。

表 4-11　企业未来投资不足与企业金融资产配置

Independent Variables	CapitalInv			
	（1）	（2）	（3）MSPEED < 0.1296	（4）MSPEED > 0.1296
FIN	1.293*** (5.39)	1.012*** (4.00)	1.056*** (3.73)	1.752** (2.38)
FA	-0.140 (-0.54)	-1.301*** (-4.41)	-1.238*** (-3.81)	-1.070 (-1.17)
TANG	-0.749* (-1.80)	0.177 (0.40)	0.346 (0.76)	-0.384 (-0.19)
CFLOW	-2.596*** (-5.94)	-2.846*** (-6.32)	-3.178*** (-6.39)	-2.167* (-1.80)
PRO	-3.451*** (-5.45)	-4.586*** (-6.73)	-4.531*** (-6.21)	-2.280 (-1.03)
GROWTH	-0.427*** (-3.82)	-0.583*** (-4.83)	-0.567*** (-4.26)	-1.699*** (-3.60)
SIZE	0.192*** (5.40)	0.241*** (5.82)	0.231*** (5.07)	0.323*** (3.04)
FCOST	-0.487 (-1.16)	-0.817* (-1.95)	-0.696 (-1.44)	-1.081 (-0.96)
LEV	-0.731*** (-3.70)	-0.895*** (-4.15)	-0.897*** (-3.81)	-0.403 (-0.59)

续表

Independent Variables	CapitalInv			
	(1)	(2)	(3) MSPEED < 0.1296	(4) MSPEED > 0.1296
TQ	0.072*** (4.97)	0.054*** (3.02)	0.057*** (2.94)	0.022 (0.29)
FS	0.009*** (4.01)	0.010*** (4.59)	0.011*** (4.32)	0.014** (2.18)
BDS	-0.119 (-0.60)	-0.073 (-0.37)	-0.024 (-0.11)	-0.635 (-1.12)
IND	-0.096 (-0.15)	0.188 (0.29)	0.086 (0.12)	2.060 (1.13)
CIP	-0.007 (-0.10)	-0.015 (-0.20)	0.057 (0.66)	-0.381* (-1.84)
SOE	-0.140* (-1.94)	-0.253*** (-3.30)	-0.227*** (-2.71)	-0.080 (-0.38)
YEAR	未控制	控制	控制	控制
INDUSTRY	未控制	控制	控制	控制
N	11025	11020	8715	1302

注：括号中为 z 值；*、**、*** 分别表示 10%、5%、1% 显著性水平，所有检验的标准误差均经过企业层面的（cluster）调整。

4.6.3 "挤出"效应检验

若企业金融资产配置行为是出于"逐利"动机，那么企业会追求短期利润，会增加对金融资产的配置，减少实体经济投资，即金融资产投资对实体经济投资存在"挤出效应"。为了验证"挤出效应"机制是否存在，本章建立模型（4-5），若 $\mu_1 < 0$，且显著为负，说明实体经济投资与金融资产之间呈负相关关系，即金融资产投资对实体经济投资存在"挤出"效应，这也从侧面反映出，在

经济转轨攻关期,企业配置金融资产的行为是出于"逐利动机"。

$$CapitalInv_{i,t} = \mu_0 + \mu_1 FIN_{i,t-1} + \mu_2 FA_{i,t-1} + \mu_3 TANG_{i,t-1} + \mu_4 CFLOW_{i,t-1} + \mu_5 PRO_{i,t-1} + \mu_6 GROWTH_{i,t-1} + \mu_7 SIZE_{i,t-1} + \mu_8 FCOST_{i,t-1} + \mu_9 LEV_{i,t-1} + \mu_{10} TQ_{i,t-1} + \mu_{11} FS_{i,t-1} + \mu_{12} BDS_{i,t-1} + \mu_{13} IND_{i,t-1} + \mu_{14} CIP_{i,t-1} + \mu_{15} SOE_{i,t-1} + Year + Industry + \varepsilon_{i,t} \quad (4-5)$$

表4-12验证了企业金融资产配置与实体经济投资之间是否存在"挤出效应"。表4-12中第(1)列显示未控制年度和行业哑变量情况下的企业实体经济投资与金融资产配置之间的关系;第二列显示为控制年度和行业哑变量情况下的二者之间的关系。根据回归结果第(2)列可知,金融资产(FIN)的回归系数为-0.100,且在1%水平上显著为负,说明企业随着金融资产配置的增加会减少实体经济的投资,即金融资产投资会对实体经济投资产生"挤出效应"。回归结果第(3)列和第(4)列是按前文市场化改革速度与企业金融配置之间的倒"U"形关系计算出的临界点进行分组回归,表中第(3)列金融资产(FIN)的回归系数为-0.100,其绝对值大于第(4)列金融资产(FIN)的回归系数-0.089的绝对值,表明随着市场化改革速度的加快,企业的"逐利动机"逐渐降低。这也反映出在经济转轨攻关期,企业金融资产配置行为是出于"逐利动机",但其"逐利动机"随着市场化改革速度的提高而降低。

表4-12　　企业实体经济投资与企业金融资产配置

Independent Variables	CapitalInv			
	(1)	(2)	(3) MSPEED < 0.1296	(4) MSPEED > 0.1296
FIN	-0.080*** (-12.07)	-0.100*** (-9.44)	-0.100*** (-8.47)	-0.089*** (-2.60)

续表

Independent Variables	CapitalInv			
	(1)	(2)	(3) MSPEED < 0.1296	(4) MSPEED > 0.1296
FA	0.935*** (144.24)	0.823*** (61.94)	0.818*** (56.56)	0.802*** (19.64)
TANG	0.097*** (8.21)	0.140*** (7.94)	0.142*** (7.31)	0.102 (1.56)
CFLOW	0.035** (2.57)	0.058*** (3.56)	0.063*** (3.38)	0.044 (1.01)
PRO	-0.042** (-2.08)	-0.110*** (-3.50)	-0.122*** (-3.55)	-0.144* (-1.89)
GROWTH	0.028*** (14.81)	0.025*** (11.57)	0.024*** (10.45)	0.028*** (3.49)
SIZE	0.007*** (7.13)	0.008*** (5.33)	0.009*** (5.33)	0.008** (2.01)
FCOST	-0.071*** (-6.65)	-0.056*** (-4.26)	-0.055*** (-3.48)	-0.037 (-1.33)
LEV	-0.032*** (-5.79)	-0.029*** (-3.43)	-0.027*** (-2.87)	-0.028 (-1.15)
TQ	-0.004*** (-9.73)	-0.002*** (-2.65)	-0.002** (-2.23)	0.001 (0.34)
FS	0.000** (2.16)	-0.000 (-0.10)	-0.000 (-0.31)	0.000 (0.23)
BDS	0.024*** (4.67)	0.009 (1.10)	0.003 (0.30)	0.025 (1.10)
IND	0.020 (1.12)	0.017 (0.65)	-0.011 (-0.37)	0.097 (1.39)

续表

Independent Variables	CapitalInv			
	(1)	(2)	(3) MSPEED < 0.1296	(4) MSPEED > 0.1296
CIP	0.003 (1.58)	0.003 (1.12)	0.001 (0.47)	0.013* (1.91)
SOE	0.002 (1.23)	-0.004 (-1.15)	-0.003 (-0.75)	-0.014 (-1.55)
YEAR	未控制	控制	控制	控制
INDUSTRY	未控制	控制	控制	控制
N	13282	13282	10447	1709
Adj. R^2	0.748	0.774	0.783	0.699

注：括号中为 z 值；*、**、*** 分别表示10%、5%、1%显著性水平，所有检验的标准误差均经过企业层面的（cluster）调整。

4.7 结论与启示

本章采用Wind数据库发布的中国各省份市场化指数，利用沪深两市A股非金融上市公司2009—2016年数据，实证检验了市场化改革速度对企业金融资产配置行为的影响。实证结果表明：市场化改革速度与企业金融资产配置呈倒"U"形关系。不同产权性质、地区和行业的企业的金融资产配置行为受市场化改革速度的敏感程度存在较大差异。研究发现，我国东部地区、国有企业和非技术密集型行业对市场化改革速度的变化更为敏感，即市场化改革速度与企业金融资产的倒"U"形关系更为显著。进一步研究作用机制发现：在经济转轨攻关期，企业配置金融资产主要是出于"逐利动机"，即随着市场化改革速度的提高，企业出于"逐利动机"

会增加对金融资产的配置，但当市场化改革速度到达某一临界值时，企业的"逐利动机"会随着改革速度的提高而降低。

为了改善我国实体经济投资环境恶化、投资机会减少、投资回报率下降等现象，国家加快市场化改革速度，完善各种环境制度，为实体经济提供良好的发展平台，但企业适应外部市场需求变化、产业结构变迁和制度环境变更尚需一定的时间，企业经营目标主要是为了实现利润最大化，所以在达到市场化改革速度临界点之前，大多数企业会循序渐进，不会盲目投资未知回报率的实体经济，而是选择利润可观的金融资产；当市场化改革速度到达临界点时，各项制度基本完善，营商环境更加公平，实体投资回报率也逐渐上升，因此，市场化改革速度的提高会使企业基于长期发展抑制短期"逐利动机"，减少企业金融资产配置，引导金融资产投资回归实体经济投资。

本章的研究结论对我国推进市场化改革具有一定的借鉴作用。首先，我国市场化改革速度存在地域差异，在进行改革时要因地制宜，明确各个地区的改革任务，加快推进市场化改革进程，优化改革速度；其次，产权制度在我国长期存在，要加快对国有企业的改革速度，降低政府的干预程度，发挥国有企业的职能，大力发展实体经济；再次，政府要对处于不同行业的企业实行不同的改革政策，加快市场化改革速度到达临界值的速度，提高实体经济投资的回报率，真正扶持有需要的行业；最后，要抑制我国经济"脱实向虚"的现象，不仅要引导企业合理配置金融资产，提高金融资产的功能属性，还要加快市场化改革速度，使金融资产配置动机由"逐利动机"向"蓄水池动机"转换，从而更好的缓解未来投资不足、引导金融资产投资更好的为实体经济服务，促进经济的可持续发展。

第5章 中美贸易摩擦、企业家精神与企业金融资产配置[①]

5.1 引 言

当前世界经济形势复杂严峻,表现出明显衰退趋势,为缓解经济低迷带来的执政压力并维护本国既得利益,贸易战成为一项巩固国家地位的重要工具(贾玉成和翟中玉,2019)。随着中国经济的高速发展、科技实力的日益增长,2017年8月,美国对华发起"301调查",正式拉开了新一轮中美贸易摩擦的序幕,将中国多家实体企业列入出口管制"实体清单",企图通过贸易战收取关税利益并让制造业回流,进而限制中国实体经济转型升级。中国是一个实体经济大国而非实体经济强国,近年来,实体经济投资环境不佳导致越来越多的制造业企业将资本配置到金融资产上(张成思和张步昙,2015)。如图5-1所示,2012—2020年中国上市制造业企业金融资产占总资产比例急剧上升,呈"脱实向虚"趋势(黄群慧,2017),加之外部中美贸易摩擦的负面冲击,中国实体企业内忧外患。因此,政府亟须在经济新旧动能转换中寻找新动力,以缓解中美贸易摩擦所带来的市场压力,优化企业实体经营环境,化

[①] 第5章的部分内容引自吴娜,白雅馨,刘聪慧,等,2022. 中美贸易摩擦、企业家精神与金融资产配置[J]. 会计与经济研究(3):15-32.

解企业"脱实向虚"。然而，一国经济的发展不仅取决于国内外宏观经济形势，而且取决于该国不断增长背后的微观动力——企业家精神。习近平总书记于2020年7月企业家座谈会上阐释了企业家精神的时代内涵和本质，并强调"企业家要带领企业战胜当前的困难，走向更辉煌的未来，就要在爱国、创新、诚信、社会责任和国际视野等方面不断提升自己①"。基于此，本章构建了"中美贸易摩擦——企业家精神——企业金融资产配置"研究框架，以2009—2020年沪深两市A股制造业上市公司为样本，检验了中美贸易摩擦对企业金融资产配置的影响及其内在机制，既为中美贸易摩擦对微观企业财务行为的影响提供了新的经验证据，又为改善企业外部环境、弘扬企业家精神提供了政策参考。

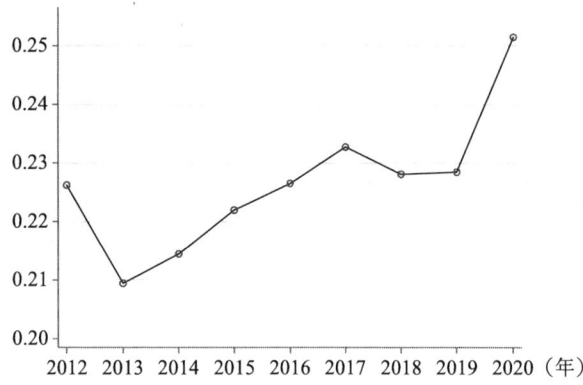

图 5-1 中国上市制造业公司金融资产占总资产比例②

本章其余部分安排如下：第二部分为文献综述，第三部分为理论分析与研究假说，第四部分为研究设计，第五部分为实证结果与分析，第六部分为进一步分析，第七部分为结论与建议。

---

① 资料来源：http://www.gov.cn/xinwen/2020-07/21/content_5528791.htm.
② 本章将货币资金、持有至到期投资、交易性金融资产、投资性房地产、可供出售金融资产、长期股权投资、应收股利、应收利息定义为金融资产。

5.2 文献综述

5.2.1 中美贸易摩擦与企业家精神

关于中美贸易摩擦对企业家精神影响的研究结论，学者们尚未达成一致观点。部分学者认为，中美贸易摩擦对企业家精神具有抑制作用，贸易壁垒的降低能够激发企业家精神。Holmes and Schmitz（2001）研究发现，当外国关税降低、贸易条件改善时，创新成功的企业家能够在海外市场获得可观回报，促进企业家活动从非生产性向生产性转变。袁红林和蒋含明（2013）认为，贸易开放为中国传统行业的企业家开辟了更为广阔的市场，有利于中国企业家创业精神的发展。朱彤等（2015）提出，中国应减少与发展中国家间的关税与非关税壁垒，互相创造更好的市场准入条件，通过贸易合作避免恶性竞争，从而激发企业家精神。而另有学者认为，中美贸易摩擦在给中国企业带来挑战的同时，也提供了新机遇，即中美贸易摩擦能够激发企业家创业精神和创新精神。鞠斐和袁勇志（2019）认为，美国除加征关税外，移民政策和人才政策也发生了转变，从长远看提升了海外人才归国创业的意愿。罗振男和孙凤（2019）认为，贸易摩擦的本质是科技实力的较量，中美贸易摩擦将倒逼企业进行技术创新，促进企业家创新精神的提升。

5.2.2 企业家精神与企业金融资产配置

现有研究表明企业家精神不仅是经济增长的关键因素（Li et al.，2012；胡永刚和石崇，2016；陈逢文等，2018），而且在驱动经济发展、促进经济体摆脱低迷状态方面也发挥着重要作用

(Kirzner, 2009)。吴娜等（2021）将企业家精神划分为生产性企业家精神和非生产性企业家精神，发现生产性企业家精神（非生产性企业家精神）显著提高（抑制）了企业金融资产向最优水平的调整速度。李文贵和邵毅平（2020）认为，富有企业家精神的企业家能够对市场环境做出迅速反应，在决策时有更长远的目光，企业家精神特质有助于优化企业资源配置，减少企业"不务正业"的金融化行为，降低企业金融化水平。任瑞敏和左勇华（2016）认为，金融的原在性本质是帮助实现经济民主化和平等化，发挥促进社会发展的积极意义，而缺乏企业家精神将导致金融创新和金融活动的极端狭隘，背离金融的原在性本质。此外，企业家实业精神缺失也会使企业失去奋斗和创新的动力，导致企业家逐渐将重点转移到房地产等虚拟投资上，且房地产行业的利润率高于实体行业，进而削弱了社会层面的企业家精神（邓伟和纪明明，2017），加剧了实体经济空心化（唐斯斯，2012；黄聪英，2019）。

综上所述，现有研究仅讨论了中美贸易摩擦对企业家精神的影响以及企业家精神对企业金融资产配置的影响，鲜有探讨中美贸易摩擦对企业金融资产配置的影响，其作用机制仍处于"黑箱"之中。因此，本章以企业家精神为媒介，探讨中美贸易摩擦对企业金融资产配置的影响及其内在机制，这不仅丰富了企业金融资产配置的影响因素和中美贸易摩擦的微观经济后果，而且有利于揭示中美贸易摩擦对微观企业金融资产配置的影响路径，从而更好地理解中美贸易摩擦下企业家精神对化解企业"脱实向虚"的作用。

5.3 理论分析与研究假说

5.3.1 中美贸易摩擦与企业金融资产配置

贸易摩擦本身具有长期性和持续性,会加大两国之间的贸易不确定性(陈奉功和张谊浩,2021),导致企业所处的经营环境越发复杂,对企业经营产生不利影响。一方面,中美贸易摩擦不仅抑制了中国企业出口,造成制造业行业产量大幅下降(李宏等,2020),而且由此引发的贸易政策不确定会抑制制造业企业实体投资(冀志斌等,2021),实体经济的萎缩又会进一步拉大实体经济和虚拟经济间的利润差距(黄群慧,2017),抑制制造业企业的生产性活动,进而加剧制造业企业"脱实向虚"。另一方面,贸易环境的不确定性增加了企业交易成本(于文超和梁平汉,2019),降低了企业内部现金流和外部融资能力(蒋为和孙浦阳,2016),进而增加了企业经营风险(程小可等,2021)。而金融资产具有较强的流动性,当企业面临资金短缺时,能够及时出售金融资产以获得资金补充,以减少资金链断裂对生产经营活动的负面冲击(彭俞超等,2018)。因此,为了缓解贸易摩擦带来的不利冲击,企业更倾向于持有大量金融资产以降低其对生产性活动的负面冲击。基于以上分析,本书提出如下假设:

H5-1:中美贸易摩擦会导致企业金融资产配置增加。

5.3.2 中美贸易摩擦与企业家精神

持续的贸易冲突增加了企业的外部风险和挑战,使一系列不确定因素逐步恶化(胡安洪和邵林,2019)。不确定性的存在意味着企业家需要依靠其想象力、预测力对不断变化的市场信息作出反应,从而加大企业家对不确定因素的疑虑,抑制企业家追求创业机会的活动(李政和艾尼瓦尔,2018);同时较大的不确定性也不利于企业家冒险以及为了获取潜在收益而进行创新活动(袁建国等,2015),从而抑制了企业家精神。此外,中美贸易摩擦的加剧损害了企业家信心(陆燕,2020),增加了企业家对未来经营不确定性的担忧,使企业家很难做出理性判断和决策,进而降低了企业家精神。基于以上分析,本书提出如下假设:

H5-2:中美贸易摩擦削弱了企业家精神。

5.3.3 中美贸易摩擦、企业家精神与企业金融资产配置

基于以上分析,中美贸易摩擦削弱了企业家精神,而企业家精神是促进企业持续发展的核心动力(李兰等,2019),在遏制企业过度金融化中发挥了重要作用(吴娜等,2021)。企业家精神不仅能够有助于提高企业经营收入、促进实体企业绩效(谢众和张杰,2019),而且有助于优化企业资源配置,减少企业"不务正业"的金融化行为(李文贵和邵毅平,2020),进而减弱企业从事金融活动改善利润水平的套利动机,降低企业金融资产配置。在引导金融服务于实体经济方面,企业家精神也发挥着重要作用。企业家精神通过企业的行为决策能够影响实体经济与虚拟经济的协调发展(郑尚植和王怡颖,2017)。不仅如此,当前企业家具有较高的社会责任感和强烈的敬业精神(李兰等,2019),更注重企业的可持续发展能力和竞争力,更专注于主业发展,从而降低企业金融资产配置。基于以上分析,本书提出如下假设:

H5-3:企业家精神在中美贸易摩擦与企业金融资产配置之间起到部分中介作用。

5.4 研究设计

5.4.1 样本选择与数据来源

本章以 2009—2020 年沪深 A 股制造业上市公司为初始研究样本，行业分类以 2012 年证监会修订的《上市公司行业分类指引》为依据。其中，中美贸易摩擦数据来自中国贸易救济信息网，企业专利申请数据来自 CNRDS 数据库，企业财务数据来自 CSMAR 数据库。本章对样本进行了如下处理：①剔除金融类公司；②剔除 ST 和 *ST 企业；③剔除数据缺失样本；④保留五年以上连续值的企业。此外，为排除异常值影响，本章对连续变量进行上下 1% 的缩尾处理，最终得到 11909 个"公司—年度"观测值。

5.4.2 变量定义

（1）企业金融资产配置的衡量

本章参考安磊等（2018）、刘贯春等（2018）的做法，将货币资金、持有至到期投资、交易性金融资产、可供出售金融资产、投资性房地产、长期股权投资、应收股利和应收利息作为金融资产的组成部分，并用企业总资产进行标准化。

（2）企业家精神的衡量

对于企业家精神的定义，尚未达成一致定论。国内外大多数学者认为，企业家精神特质主要包括承担外部风险和不确定性（冉茂盛等，2021）、竞争精神（李诗和等，2016）、冒险精神（Lumpkin and Dess, 1996; Tavassoli et al., 2017; 程锐，2019）及创新精神（Covin and Slevin; 1991; 李言和张智，2021）等。而在中国特色社会主义新时代下，企业家精神被赋予了新的时代内涵，肩负着推动经济高质量发展的崇高使命。在 2020 年 7 月 21 日召开的企业家座谈会上，习近平总书记从"爱国、创新、诚信、社会责任、国际视野①"五个方面全面阐述了新时代企业家精神的内涵，为企业家精神概念注入了新内容。因此，基于已有文献和新时代企业家精神的内涵，本章从创新精神、竞争精神、诚信精神、股东责任、社会责任和冒险精神六个维度衡量企业家精神，并采用熵值法构建企业家精神综合指标。具体如下：

企业家创新精神用企业申请专利数量进行衡量，申请专利数量能够较好地反映企业对资源的利用效率，体现企业创新能力（周冬华等，2019；李春涛等，2020；张骞等，2022），该指标越高说明企业技术创新能力越强，企业家创新精神越强。企业家竞争精神参考 Nickell（1996）、靳卫东等（2008）和谢雪燕等（2018）的做法，采用超额净利润率来衡量，企业家是否具有强烈的竞争意识和较高的竞争能力，直接决定了企业家能否立足于市场而生存和发展（李诗和等，2016）。对于企业家诚信精神的衡量，参考耿艳丽等（2018）的方法，以国家税务总局对企业纳税信用等级评选数据作为参考，根据信用中国网站提供的企业纳税等级信息，以企业被评选为纳税信用 A 等级的次数作为诚信的度量指标。责任与担当是企业家的本质特征与重大使命（黄海艳和张红彬，2018），其中对股东责任是企业责任体系中首要和基本的部分（叶敏华，2007），而社会责任是构成企业家精神的关键部分（蔡学文，2017）。因此，本章借鉴潘孝珍（2019）、顾雷雷等（2020）的研究，采用和讯网公布的企业股东责任、社会责任评分来衡量企业家对股东和社会的责任，缺失数据以该企业其余年份平均值进行补充。企业家冒险精神采用企业风险承担水平作为替代指标，风险承担水平以企业盈余的波动性进行衡量，具体计算方法参考余明桂等（2013）。

---

① 资料来源：http://www.gov.cn/gongbao/content/2020/content_5532611.htm。

本章在上述企业家精神六项单项指标的基础上,采用熵值法为各项子指标赋权(见表5-1),得到企业家精神综合指标。由表5-1可知:在使用熵值法构建企业家精神时,诚信精神被赋予较高的权重(0.369),这与李兰等(2019)调查分析结果一致,即企业家对诚信精神的认同程度最高,诚信是企业家在商业社会的通行证;冒险精神的权重排在第二,因为冒险精神是企业家的天性和必备素质(梁洪学,2019)。

表 5-1　　　　　企业家精神的代理指标及权重

企业家精神	单项指标衡量方式	权重
诚信精神	信用中国网站提供的企业被评为纳税信用等级为 A 级的次数	0.369
冒险精神	企业连续三年的盈利状况波动	0.359
创新精神	企业专利申请数量加 1 取对数	0.176
社会责任	和讯网公布的企业社会责任评分取对数	0.044
竞争精神	企业超额利润率 = 企业净资产收益率 - 行业平均净资产收益率	0.031
股东责任	和讯网公布的企业股东责任评分取对数	0.022

(3) 中美贸易摩擦的衡量

参考万源星等(2021)的研究,本章使用美国在 t 年对中国 j 制造业细分行业采取反倾销、反补贴和保障措施案件数加 1 取对数的方式度量中美贸易摩擦。

(4) 控制变量的选择

参考安磊等(2018)、吴娜和白雅馨(2019)的研究,本章主要控制了公司财务特征变量和公司治理特征变量。公司财务特征变量:固定资产比例(FA)、有形资产比例($TANG$)、企业经营现金流水平($CFLOW$)、企业投资现金流水平($INVSET$)、企业成长性($GROWTH$)、企业规模($SIZE$)、资产负债率(LEV)、财务费用率($CAIWU$)、盈利能力($EDIT$、PRO)、金融活动利润占比

(FAH)。公司治理特征变量：股权集中度（FS）、两职兼任情况（CIP）。变量定义如表 5-2 所示。

表 5-2　　　　　　　　　　变量定义

变量	定义
Fin	企业金融资产配置 =（货币资金 + 持有至到期投资 + 交易性金融资产 + 可供出售金融资产 + 投资性房地产 + 长期股权投资 + 应收股利 + 应收利息）/ 总资产
TD	中美贸易摩擦：美国对中国发起的分年度分行业反倾销、反补贴和保障措施数量加 1 取对数进行标准化
ENTREP	企业家精神：从诚信精神、冒险精神、创新精神、社会责任、竞争精神、股东责任六个角度，以熵值法计算综合性指标
FA	固定资产比例 = 固定资产/总资产
TANG	有形资产比例 = 有形资产总额/总资产
CLFOW	企业经营现金流水平 = 经营活动现金流量/总资产
INVEST	企业投资现金流水平 = 投资活动现金流量/营业收入
GROWTH	企业成长性 = 营业收入增长率
SIZE	企业规模 = 总资产取对数
LEV	资产负债率 = 负债合计/资产总计
CAIWU	财务费用率 = 财务费用/营业收入
EDIT	盈利能力 = 息税折旧摊销前营业利润率
PRO	盈利能力 = 营业利润率
FAH	金融活动利润占比 =（投资收益 + 公允价值变动收益 + 汇兑收益）/（利润总额）
FS	股权集中度 = 第一大股东持股比例
CIP	两职兼任情况虚拟变量：若董事长与总经理兼任取值为 1，否则为 0

5.4.3 模型构建

为验证 H5-1 至 H5-3，本章参考温忠麟和叶宝娟（2014）

提出的检验中介效应的步骤,构建如下模型(5-1)、模型(5-2)和模型(5-3)。模型中,本章采用异方差稳健标准误调整的 t 统计量,同时控制了时间($Year$)和行业($Industry$)虚拟变量。

$$FIN_{it} = \alpha_0 + \alpha_1 TD_{it} + \Sigma Controls + Industry + Year + \varepsilon_{it}$$
(5-1)

$$ENTREP_{it} = \beta_0 + \beta_1 TD_{it} + \Sigma Controls + Industry + Year + \varepsilon_{it}$$
(5-2)

$$FIN_{it} = \gamma_0 + \gamma_1 TD_{it} + \gamma_2 ENTREP_{it} + \Sigma Controls + Industry + Year + \varepsilon_{it}$$
(5-3)

在实证检验中,模型(5-1)至(5-3)为企业家精神中介效应检验。具体步骤如下:首先依次验证模型(5-1)中的系数 α_1、模型(5-2)中的系数 β_1 和模型(5-3)中的系数 γ_2,如果三个系数均显著符合预期,则说明企业家精神的中介效应显著,否则利用 bootstrap 法进行再验证;若模型(5-3)中的系数 γ_1 显著,则表示中美贸易摩擦对企业金融资产配置的直接效应也成立,否则只有中介效应成立;最后比较 γ_1 与 $\beta_1\gamma_2$ 的符号,如果两者同号,则认为企业家精神起到了部分中介的作用,此时中介效应占比为 $\beta_1\gamma_2/\alpha_1$;若两者异号,则认为是遮掩效应,此时中介效应占比为 $|\beta_1\gamma_2/\gamma_1|$。

5.5 实证结果及分析

5.5.1 描述性统计

本章主要变量的描述性统计如表 5-3 所示,企业金融资产配置(FIN)的平均值为 0.237,标准差为 0.145,最大值为 0.698,

最小值为0.033，说明不同企业金融资产配置具有较大的差异。中美贸易摩擦（TD）的平均值为0.300，标准差为0.561，最大值（2.197）与最小值（0）之间差异较大，说明不同行业不同年份的中美贸易摩擦具有较大的差异。企业家精神（ENTREP）的平均值为0.207，最大值（0.548）与最小值（0.047）之间差异较大，说明不同企业的企业家精神具有较大的差异。其他控制变量的描述性统计与现有文献基本一致。

表5-3　　　　　　　主要变量的描述性统计

变量	平均值	标准差	P25	中位数	P75	最小值	最大值
Fin	0.237	0.145	0.128	0.202	0.315	0.033	0.698
TD	0.300	0.561	0	0	0	0	2.197
ENTREP	0.207	0.122	0.116	0.170	0.273	0.047	0.548
FA	0.245	0.141	0.138	0.218	0.329	0.021	0.635
TANG	0.935	0.065	0.925	0.955	0.974	0.620	0.999
CLFOW	0.051	0.066	0.011	0.048	0.091	-0.131	0.241
INVEST	-0.125	0.200	-0.177	-0.077	-0.023	-1.099	0.388
GROWTH	0.222	0.522	-0.035	0.108	0.313	-0.580	3.222
SIZE	22.107	1.186	21.258	21.958	22.785	19.887	25.472
LEV	0.405	0.199	0.247	0.395	0.552	0.051	0.902
CAIWU	0.012	0.024	-0.001	0.008	0.022	-0.055	0.105
EDIT	0.155	0.111	0.088	0.139	0.209	-0.191	0.564
PRO	0.083	0.119	0.025	0.070	0.138	-0.400	0.462
FAH	0.194	0.580	0.000	0.021	0.133	-0.609	3.844
FS	34.897	14.131	23.760	33.440	44.370	9.570	73.700
CIP	0.257	0.437	0	0	1	0	1

5.5.2　回归结果分析

表5-4中第（1）列检验了中美贸易摩擦与企业金融资产配

第5章 中美贸易摩擦、企业家精神与企业金融资产配置

置的关系,中美贸易摩擦（TD）的系数为 0.004,在 5% 的水平上显著为正,表明中美贸易摩擦与企业金融资产配置呈正相关关系,即中美贸易摩擦显著提高了企业金融资产配置,H5-1 成立。表 5-4 中第（2）列检验了中美贸易摩擦与企业家精神的关系,中美贸易摩擦（TD）的系数为 -0.003,在 10% 的水平上显著为负,表明中美贸易摩擦会削弱企业家精神,H5-2 成立。表 5-4 中第（3）列检验了企业家精神在中美贸易摩擦与企业金融资产配置关系中的中介效应,中美贸易摩擦（TD）的系数为 0.004,在 5% 的水平上显著为正;企业家精神系数为 -0.037,在 1% 的水平上显著为负。模型（5-1）中的系数 α_1、模型（5-2）中的系数 β_1 和模型（5-3）中的系数 γ_2 均显著,且 γ_1 与 $\beta_1\gamma_2$ 两者同号且为正,这表明企业家精神起到了部分中介作用,即企业家精神在中美贸易摩擦与企业金融资产配置之间起到部分中介作用,H5-3 成立。为了使回归结果更为严谨,本章还进行了 Sobel 检验,结果显示,Sobel Z 值为 1.654,在 10% 的水平上显著为正,再次表明企业家精神的中介效应成立。

表 5-4   中美贸易摩擦与企业金融资产配置：
企业家精神的中介效应检验

变量	(1)	(2)	(3)
	Fin	ENTREP	Fin
TD	0.004**	-0.003*	0.004**
	(2.131)	(-1.878)	(2.072)
ENTREP			-0.037***
			(-3.271)
FA	-0.495***	-0.027***	-0.496***
	(-54.640)	(-3.661)	(-54.710)

续表

变量	(1) Fin	(2) ENTREP	(3) Fin
TANG	0.449*** (31.076)	0.038*** (2.788)	0.451*** (31.117)
CFLOW	0.270*** (14.875)	0.160*** (11.051)	0.276*** (15.143)
INVEST	0.045*** (6.752)	0.014*** (3.503)	0.046*** (6.822)
GROWTH	-0.012*** (-6.141)	-0.003** (-2.017)	-0.012*** (-6.203)
SIZE	0.010*** (8.599)	0.011*** (11.354)	0.010*** (8.923)
LEV	-0.151*** (-16.822)	-0.001 (-0.170)	-0.151*** (-16.800)
CAIWU	-1.139*** (-13.228)	-0.268*** (-4.340)	-1.149*** (-13.317)
EBIT	0.301*** (10.822)	0.045** (2.101)	0.303*** (10.874)
PRO	-0.228*** (-8.018)	-0.037* (-1.710)	-0.230*** (-8.057)
FAH	0.028*** (13.440)	-0.002 (-1.055)	0.028*** (13.385)
FS	-0.000*** (-2.874)	-0.000** (-2.177)	-0.000*** (-2.937)
CIP	0.003 (1.360)	0.002 (0.829)	0.003 (1.385)
Constant	-0.177*** (-6.766)	-0.167*** (-7.420)	-0.183*** (-6.992)

续表

变量	(1)	(2)	(3)
	Fin	ENTREP	Fin
Year/Industry	YES	YES	YES
Adj. R^2	0.453	0.497	0.454
N	11909	11909	11909

注：***、** 和 * 分别表示在 1%、5% 和 10% 的水平上显著；括号中为相应的 t 统计值。

5.5.3 稳健性检验

1. 改变衡量方式

(1) 改变企业金融资产配置的衡量方式

为了使研究结果不受变量衡量方式的影响，本章进一步替换企业金融资产配置的衡量方式，并参考胡奕明等（2017）、徐云等（2022）的研究，将企业金融资产配置重新定义为货币资金、金融衍生产品、短期投资、交易性金融资产、应收利息、买入返售金融资产、可供出售金融资产、持有至到期投资和长期应收款，并用总资产进行标准化（FIN1），再次检验 H5-1 至 H5-3。

由表 5-5 回归结果可知：第（1）列中美贸易摩擦系数在 10% 水平上显著为正，表明中美贸易摩擦会促进企业增加企业金融资产配置；第（2）列中美贸易摩擦系数在 10% 水平上显著为负，表明中美贸易摩擦显著削弱了企业家精神；第（3）列中美贸易摩擦系数为 0.003，在 10% 水平上显著为正，企业家精神系数为 -0.030，在 1% 水平上显著为负。由此可知，改变企业金融资产配置的衡量方式，H5-1 至 H5-3 并未发生实质性改变，即企业家精神在中美贸易摩擦与企业金融资产配置之间起到部分中介作用。

表 5-5　　改变企业金融资产配置的度量方式

变量	(1) FIN1	(2) ENTREP	(3) FIN1
TD	0.003*	-0.003*	0.003*
	(1.854)	(-1.878)	(1.803)
ENTREP			-0.030***
			(-2.857)
FA	-0.405***	-0.027***	-0.406***
	(-48.681)	(-3.661)	(-48.710)
TANG	0.374***	0.038***	0.375***
	(27.636)	(2.788)	(27.653)
CFLOW	0.267***	0.160***	0.272***
	(15.291)	(11.051)	(15.515)
INVEST	0.026***	0.014***	0.027***
	(4.135)	(3.503)	(4.196)
GROWTH	-0.006***	-0.003**	-0.006***
	(-3.227)	(-2.017)	(-3.278)
SIZE	0.004***	0.011***	0.004***
	(3.947)	(11.354)	(4.251)
LEV	-0.111***	-0.001	-0.111***
	(-13.001)	(-0.170)	(-12.991)
CAIWU	-1.404***	-0.268***	-1.412***
	(-16.955)	(-4.340)	(-17.030)
EBIT	0.255***	0.045**	0.256***
	(10.136)	(2.101)	(10.176)
PRO	-0.202***	-0.037*	-0.203***
	(-7.931)	(-1.710)	(-7.965)
FAH	0.002	-0.002	0.002
	(1.067)	(-1.055)	(1.040)

续表

变量	(1) FIN1	(2) ENTREP	(3) FIN1
FS	0.000 (1.354)	-0.000** (-2.177)	0.000 (1.299)
CIP	0.008*** (3.457)	0.002 (0.829)	0.008*** (3.479)
Constant	-0.084*** (-3.531)	-0.167*** (-7.420)	-0.089*** (-3.737)
Year/Industry	YES	YES	YES
Adj. R^2	0.423	0.497	0.424
N	11909	11909	11909

注：***、**和*分别表示在1%、5%和10%的水平上显著；括号中为相应的 t 统计值。

(2) 改变中美贸易摩擦的度量方式

为了使研究结果不受中美贸易摩擦衡量方式的影响，本章借鉴杨飞等（2018）做法，采用行业所遭受的反倾销案件数量度量贸易摩擦，即美国在 t 年对中国 j 制造业细分行业采取反倾销案件数加1取对数（TD1），再次检验H5-1至H5-3。由表5-6回归结果可知，H5-1至H5-3并未发生实质性改变。

表5-6　　　　改变中美贸易摩擦的度量方式

变量	(1) Fin	(2) ENTREP	(3) Fin
TD1	0.005* (1.843)	-0.004* (-1.801)	0.004* (1.785)
ENTREP			-0.037*** (-3.276)

续表

变量	(1) Fin	(2) ENTREP	(3) Fin
FA	-0.495*** (-54.658)	-0.027*** (-3.690)	-0.496*** (-54.730)
TANG	0.449*** (31.073)	0.038*** (2.790)	0.451*** (31.114)
CFLOW	0.270*** (14.867)	0.160*** (11.059)	0.276*** (15.137)
INVEST	0.045*** (6.761)	0.014*** (3.492)	0.046*** (6.831)
GROWTH	-0.012*** (-6.151)	-0.003** (-2.015)	-0.012*** (-6.212)
SIZE	0.010*** (8.598)	0.011*** (11.348)	0.010*** (8.922)
LEV	-0.151*** (-16.822)	-0.001 (-0.167)	-0.151*** (-16.800)
CAIWU	-1.138*** (-13.218)	-0.268*** (-4.345)	-1.148*** (-13.307)
EBIT	0.300*** (10.810)	0.045** (2.110)	0.302*** (10.863)
PRO	-0.228*** (-8.006)	-0.037* (-1.719)	-0.229*** (-8.045)
FAH	0.028*** (13.439)	-0.002 (-1.054)	0.028*** (13.384)
FS	-0.000*** (-2.869)	-0.000** (-2.181)	-0.000*** (-2.932)
CIP	0.003 (1.356)	0.002 (0.831)	0.003 (1.381)

续表

变量	(1) Fin	(2) ENTREP	(3) Fin
Constant	-0.177*** (-6.765)	-0.167*** (-7.419)	-0.183*** (-6.991)
Year/Industry	YES	YES	YES
Adj. R^2	0.453	0.497	0.454
N	11909	11909	11909

注：***、**和*分别表示在1%、5%和10%的水平上显著；括号中为相应的 t 统计值。

2. 改变样本区间

由于2008年暴发的全球金融危机使世界经济陷入一段低迷时期，导致2009年企业受到金融危机的影响较大。因此，为了排除经济危机的影响，本章剔除2009年样本，将样本区间调整为2010—2020年，重新进行检验H5-1至H5-3。由表5-7可知，H5-1至H5-3基本结论未发生实质性改变。

表5-7 以2010—2020年为样本区间检验企业家精神中介效应

变量	(1) Fin	(2) ENTREP	(3) Fin
TD	0.003* (1.782)	-0.003* (-1.777)	0.003* (1.726)
ENTREP			-0.037*** (-3.193)
FA	-0.496*** (-52.678)	-0.027*** (-3.503)	-0.497*** (-52.752)
TANG	0.449*** (30.744)	0.039*** (2.792)	0.450*** (30.786)
CFLOW	0.274*** (14.512)	0.166*** (10.791)	0.280*** (14.776)

续表

变量	(1) Fin	(2) ENTREP	(3) Fin
INVEST	0.044*** (6.462)	0.014*** (3.411)	0.045*** (6.530)
GROWTH	-0.013*** (-6.221)	-0.003* (-1.902)	-0.013*** (-6.279)
SIZE	0.010*** (8.300)	0.011*** (10.906)	0.010*** (8.613)
LEV	-0.147*** (-15.858)	-0.000 (-0.041)	-0.147*** (-15.836)
CAIWU	-1.181*** (-13.375)	-0.276*** (-4.319)	-1.191*** (-13.462)
EBIT	0.311*** (10.763)	0.052** (2.280)	0.313*** (10.824)
PRO	-0.238*** (-7.985)	-0.043* (-1.887)	-0.239*** (-8.032)
FAH	0.027*** (12.840)	-0.002 (-0.948)	0.027*** (12.789)
FS	-0.000*** (-2.841)	-0.000** (-2.130)	-0.000*** (-2.902)
CIP	0.003 (1.453)	0.001 (0.714)	0.003 (1.474)
Constant	-0.157*** (-5.820)	-0.141*** (-5.925)	-0.163*** (-6.005)
Year/Industry	YES	YES	YES
Adj. R^2	0.450	0.481	0.451
N	11344	11344	11344

注：***、**和*分别表示在1%、5%和10%的水平上显著；括号中为相应的 t 统计值。

3. 中美贸易摩擦滞后一期

考虑到中美贸易摩擦对企业家精神和企业金融资产配置的滞后影响,本章将中美贸易摩擦滞后一期重新检验 H5-1 至 H5-3。由表 5-8 回归结果可知,H5-1 至 H5-3 并未发生实质性改变。

表 5-8　　　　　　　中美贸易摩擦滞后一期

变量	(1) Fin	(2) ENTREP	(3) Fin
TD_{t-1}	0.004* (1.937)	-0.003* (-1.790)	0.004* (1.902)
ENTREP			-0.024** (-1.986)
FA	-0.471*** (-47.967)	-0.034*** (-4.243)	-0.472*** (-47.983)
TANG	0.411*** (26.565)	0.043*** (2.943)	0.412*** (26.592)
CFLOW	0.286*** (14.327)	0.154*** (9.279)	0.289*** (14.468)
INVEST	0.044*** (5.967)	0.010** (2.205)	0.044*** (5.998)
GROWTH	-0.014*** (-6.321)	-0.004** (-2.286)	-0.014*** (-6.366)
SIZE	0.010*** (8.003)	0.011*** (10.575)	0.010*** (8.181)
LEV	-0.123*** (-12.393)	-0.005 (-0.567)	-0.123*** (-12.387)
CAIWU	-1.133*** (-12.009)	-0.284*** (-4.153)	-1.140*** (-12.061)
EBIT	0.290*** (9.098)	0.053** (2.207)	0.291*** (9.138)

续表

变量	(1) Fin	(2) ENTREP	(3) Fin
PRO	-0.225***	-0.044*	-0.226***
	(-6.918)	(-1.863)	(-6.948)
FAH	0.028***	-0.002	0.028***
	(13.077)	(-1.137)	(13.054)
FS	-0.000***	-0.000*	-0.000***
	(-3.211)	(-1.929)	(-3.247)
CIP	0.002	0.001	0.002
	(0.790)	(0.328)	(0.796)
Constant	-0.164***	-0.139***	-0.168***
	(-5.802)	(-5.656)	(-5.911)
Year/Industry	YES	YES	YES
Adj. R^2	0.413	0.470	0.413
N	9895	9895	9895

注：***、**和*分别表示在1%、5%和10%的水平上显著；括号中为相应的 t 统计值。

4. 工具变量法

为了缓解中美贸易摩擦与企业金融资产配置之间潜在的内生性，本章选取美国对中国出口的基期比较优势（UC_IMP）① 和除美国外其他国家与中国的贸易摩擦（$Other\_TD$）② 作为工具变量。这是因为：美国出口到中国的基期比较优势影响着两国的产品竞争

---

① 参考 Bloom et al.（2016）、万源星等（2021）的做法，$UC\_IMP_{jt} = (M^{US}_{j,2008}/M^{W}_{j,2008}) \times M^{US}_{CNt}$。其中，$M^{US}_{j,2008}$ 表示2008年 j 行业从美国进口的产品总额；$M^{W}_{j,2008}$ 表示2008年 j 行业从世界进口的产品总额；M^{US}_{CNt} 表示第 t 年中国从美国进口的总贸易额。根据公式求得的 UC_IMP 取对数处理。

② 中国面临除美国以外的其他国家的反倾销、反补贴和保障措施数量加1取对数。

程度（万源星等，2021）；贸易摩擦具有转移效应，不仅会对贸易两国产生影响，也会对其他经济体进出口产生影响（程小可等，2021），因此与中美贸易摩擦相关，但与企业金融资产配置无直接关系。

表5-9为工具变量采用2SLS的回归结果。由第（1）列第一阶段回归结果可知，UC_IMP和$Other\_TD$的回归系数在1%水平上显著，说明工具变量UC_IMP和$Other\_TD$与中美贸易摩擦具有显著的相关性；由第（2）列第二阶段回归结果可知，中美贸易摩擦（TD）系数为0.020，在1%水平上显著为正。此外，本章还通过了弱工具变量检验（$F=1195.960$）和过度识别检验（$P=0.370$）。可见，在考虑内生性问题后依然可以发现中美贸易摩擦显著提高了企业金融资产配置，H5-1并未发生实质性改变。

表5-9　　　　2SLS模型的回归结果

变量	(1)	(2)
	TD	Fin
TD		0.020***
		(4.075)
UC_IMP	-0.038***	
	(-5.096)	
$Other\_TD$	0.290***	
	(53.855)	
FA	0.223***	-0.512***
	(6.161)	(-51.742)
$TANG$	0.064	0.438***
	(0.960)	(24.665)
$CFLOW$	-0.033	0.249***
	(-0.453)	(12.736)
$INVEST$	-0.018	0.048***
	(-0.848)	(8.412)

续表

变量	(1) TD	(2) Fin
GROWTH	-0.009	-0.013***
	(-1.093)	(-5.835)
SIZE	-0.008*	0.009***
	(-1.696)	(7.109)
LEV	0.094***	-0.135***
	(2.818)	(-15.269)
CAIWU	-0.029	-1.205***
	(-0.104)	(-16.357)
EBIT	-0.391***	0.304***
	(-4.906)	(14.270)
PRO	0.303***	-0.227***
	(3.656)	(-10.279)
FAH	0.012	0.028***
	(1.609)	(14.364)
FS	0.000	-0.000***
	(0.363)	(-2.738)
CIP	-0.007	0.002
	(-0.704)	(0.581)
Constant	0.806***	-0.145***
	(3.969)	(-4.980)
Year/Industry	YES	YES
Adj. R^2	0.363	0.459
N	9531	9531
Shea's Partial R^2	1195.960	—
Sargan Test	—	0.370

注：***、**和*分别表示在1%、5%和10%的水平上显著；括号中为相应的t统计值。弱工具性检验（Shea's Partial R^2）汇报F值，过度识别检验（Sargan Test）汇报P值。

第 5 章 中美贸易摩擦、企业家精神与企业金融资产配置

5. 倾向得分匹配法（PSM）

考虑到内生性和样本选择偏差，本章进一步采用倾向得分匹配法（PSM）进行稳健性检验。首先，将所属行业受到美国贸易摩擦影响的企业设为实验组，未涉及美国贸易摩擦影响行业的企业设为控制组。其次，进行倾向性得分匹配时，将模型（5-1）的控制变量全部加入 Logit 模型，并按照半径为 0.05 的最邻近 1∶1 有放回的匹配方法，重新进行检验。根据平衡性检验结果显示，匹配后的相关控制变量的标准化偏差绝对值均小于 5%，而且大多数 t 检验结果不拒绝处理组和控制组无系统差异的原假设，说明匹配效果较好。最后，使用匹配后的样本重新进行回归分析，回归结果如表 10 所示。由表 5-10 回归结果可知，第（1）列中美贸易摩擦的系数 0.004 在 5% 水平上显著为正；第（2）列中美贸易摩擦的系数 -0.003 在 10% 水平上显著为负；第（3）列中美贸易摩擦的系数为 0.004，企业家精神系数为 -0.038，均在统计学上具有显著意义，再次证明 H5-1 至 H5-3 结果是稳健的。

表 5-10　　　　　PSM 匹配后的回归结果

变量	(1) Fin	(2) ENTREP	(3) Fin
TD	0.004**	-0.003*	0.004**
	(2.182)	(-1.836)	(2.123)
ENTREP			-0.038***
			(-3.346)
FA	-0.497***	-0.028***	-0.498***
	(-54.823)	(-3.739)	(-54.911)
TANG	0.451***	0.039***	0.452***
	(31.182)	(2.841)	(31.227)
CFLOW	0.271***	0.160***	0.277***
	(14.923)	(11.046)	(15.199)

续表

变量	(1) Fin	(2) ENTREP	(3) Fin
INVEST	0.045***	0.014***	0.046***
	(6.829)	(3.497)	(6.902)
GROWTH	-0.012***	-0.003**	-0.012***
	(-6.009)	(-1.968)	(-6.072)
SIZE	0.010***	0.011***	0.010***
	(8.649)	(11.456)	(8.984)
LEV	-0.150***	-0.001	-0.151***
	(-16.770)	(-0.159)	(-16.748)
CAIWU	-1.155***	-0.275***	-1.166***
	(-13.410)	(-4.434)	(-13.508)
EBIT	0.313***	0.049**	0.314***
	(11.277)	(2.197)	(11.347)
PRO	-0.240***	-0.039*	-0.241***
	(-8.437)	(-1.783)	(-8.488)
FAH	0.027***	-0.002	0.027***
	(13.387)	(-1.058)	(13.332)
FS	-0.000***	-0.000**	-0.000***
	(-2.894)	(-2.186)	(-2.958)
CIP	0.003	0.002	0.003
	(1.341)	(0.833)	(1.367)
Constant	-0.179***	-0.169***	-0.186***
	(-6.873)	(-7.535)	(-7.108)
Year/Industry	YES	YES	YES
Adj. R^2	0.454	0.497	0.454
N	11906	11906	11906

注：***、**和*分别表示在1%、5%和10%的水平上显著；括号中为相应的t统计值。

6. 双重差分模型法 (DID)

为了进一步缓解潜在的内生性问题, 本章以 2018 年中美贸易战爆发作为外生事件, 构建双重差分模型对主要结果进行稳健性检验。本章将 2018—2020 年 POST 设置为 1, 其他年度设置为 0; 将样本期内受到中美贸易摩擦行业内的企业设置为实验组, 并将 TREAT 设置为 1, 其他企业设置为 0, 设置交乘项 DID = POST × TREAT, 以检验中美贸易战爆发后对企业家精神与企业金融资产配置的影响, 结果如表 5-11 所示。由表 5-11 结果可知, H5-1 至 H5-3 并未发生实质性改变。

表 5-11　以 DID 检验企业家精神中介效应

变量	(1) Fin	(2) ENTREP	(3) Fin
DID	0.010*** (2.736)	-0.015*** (-5.369)	0.009*** (2.638)
ENTREP			-0.021* (-1.826)
FA	-0.512*** (-44.980)	0.027*** (2.880)	-0.512*** (-44.916)
TANG	0.648*** (36.062)	-0.015 (-1.015)	0.648*** (36.046)
CFLOW	0.223*** (14.992)	0.038*** (3.077)	0.224*** (15.042)
INVEST	0.057*** (13.004)	-0.001 (-0.361)	0.057*** (12.999)
GROWTH	-0.006*** (-3.156)	0.004** (2.441)	-0.006*** (-3.112)
SIZE	0.021*** (9.167)	-0.008*** (-4.324)	0.021*** (9.084)

续表

变量	(1) Fin	(2) ENTREP	(3) Fin
LEV	-0.188*** (-19.901)	0.048*** (6.196)	-0.187*** (-19.758)
CAIWU	-0.747*** (-11.063)	-0.172*** (-3.082)	-0.751*** (-11.114)
EBIT	0.177*** (9.495)	0.111*** (7.251)	0.179*** (9.601)
PRO	-0.142*** (-7.764)	-0.073*** (-4.874)	-0.143*** (-7.843)
FAH	0.003* (1.804)	-0.000 (-0.011)	0.003* (1.804)
FS	0.000 (0.965)	-0.000 (-0.985)	0.000 (0.948)
CIP	0.002 (0.734)	-0.001 (-0.274)	0.002 (0.729)
Constant	-0.601*** (-11.198)	0.256*** (5.780)	-0.595*** (-11.080)
Year/Firm	YES	YES	YES
Adj. R^2	0.317	0.594	0.317
N	11909	11909	11909

注：***、**和*分别表示在1%、5%和10%的水平上显著；括号中为相应的t统计值。

5.6 进一步分析

若 H5-1 至 H5-3 成立，那么是否存在影响企业家精神中介效应的调节因素,即中美贸易摩擦通过影响企业家精神影响企业金融资产配置是否受到其他因素的调节。因此,本章进一步探讨哪些因素会影响企业家精神的中介效应。

为了验证有调节的企业家精神中介效应,本章参考温忠麟和叶宝娟(2014)提出的有调节的中介效应模型,构建以下模型验证产权性质、是否出口企业的调节作用。具体模型如下:

$$FIN_{it} = a_0 + a_1 TD_{it} + a_2 U_{it} + a_3 TD_{it} \times U_{it} + \Sigma Controls + Year + Industry + \varepsilon_{it} \tag{5-4}$$

$$ENTREP_{it} = b_0 + b_1 TD_{it} + b_2 U_{it} + b_3 TD_{it} \times U_{it} + \Sigma Controls + Year + Industry + \varepsilon_{it} \tag{5-5}$$

$$FIN_{it} = c_0 + c_1 TD_{it} + c_2 U_{it} + c_3 ENTREP_{it} + c_4 ENTREP_{it} \times U_{it} + \Sigma Controls + Year + Industry + \varepsilon_{it} \tag{5-6}$$

其中,U代表调节变量,$TD \times U$代表中美贸易摩擦与调节变量的交乘项,$ENTREP \times U$代表企业家精神与调节变量的交乘项,$Controls$代表上述所有的控制变量,a、b和c为回归系数。具体检验如下:第一步先验证模型(5-4)中的系数a_1和a_3,若a_3显著,说明中美贸易摩擦与企业金融资产配置的直接效应受到调节变量的影响;反之,直接效应不受到调节。第二步检验模型(5-5)和模型(5-6)中的系数b_1和c_4、b_3和c_3及b_3和c_4。若系数b_1和c_4显著,则中介效应的后半段受到调节;若系数b_3和c_3显著,则中介效应的前半段受到调节;若系数b_3和c_4显著,则中介效应的前后均受到调节。可见,只要三组系数至少有一组成立,则中介效应受到调节,否则使用 bootstrap 或 MCMC 法对系数乘积所处的置信区间进行再次验证。

5.6.1 产权性质的调节作用

中美贸易摩擦给中国经济发展带来诸多不确定性,增加了企业的外部风险与挑战,损害了企业家信心(陆燕,2020),这不仅不利于企业家精神培育，而且也阻碍了企业家精神。在此次中美贸易摩擦中，美国对中国加征关税主要集中于中国重点发展的先进制造业领域（凌永辉等，2017），且2018年美国发动贸易摩擦目标直指"中国制造2025"，企图遏制中国由"制造大国"向"制造业强国"转变的步伐（王霞，2019）。在《中国制造2025》的十大领域中，国有企业特别是中央企业占据了较大比例，在航天航空、轨道交通、海洋设备、电力设备等行业的自主研发、自主知识产权做出了突出贡献①。相较于非国有企业，国有企业管理者的任命往往具有行政色彩，更注重个人晋升（潘健平等，2015）；且国有企业承担更多的社会性政策负担（廖冠民和沈红波，2014），服从国家的宏观调控，这会导致企业家精神受到一定限制（叶作义和吴文彬，2018），进而削弱企业家精神对企业金融资产配置的抑制作用。基于以上分析，本书提出如下假设：

H5-4：产权性质调节了企业家精神在中美贸易摩擦与企业金融资产配置之间的中介作用，即相对非国有企业，国有企业会削弱企业家精神对企业金融资产配置的抑制作用。

为了验证H5-4，本章设置产权性质（SEO）虚拟变量，若企业为国有企业则SEO取值为1，否则为0。由表5-12第（1）列回归结果可知，中美贸易摩擦与产权性质的交乘项（$TD \times SOE$）系数为0.018，在1%水平上显著为正，说明中美贸易摩擦与企业金融资产配置的直接效应受到产权性质的调节，即中美贸易摩擦对企业金融资产配置的促进作用在国有企业中更为显著；第（2）列中美贸易摩擦（TD）系数为-0.003，在10%的水平上显著为负，第（3）列企业家精神与产权性质的交乘项（$ENTREP \times SOE$）系数为0.087，在1%的水平上显著为正，说明有调节的中介效应成

---

① 资料来源：从中美贸易摩擦看国有企业"国之重器"的责任担当. http://wap.sasac.gov.cn/n2588025/n2588164/n4437287/c8868583/content.html.

立,且中介效应的后半段受到调节。由此可知,产权性质显著调节了企业家精神在中美贸易摩擦与企业金融资产配置之间的中介作用,即相比于非国有企业,国有企业会削弱企业家精神对企业金融资产配置的抑制作用,H5-4 成立。

表 5-12   产权性质的调节作用

变量	(1) Fin	(2) ENTREP	(3) Fin
TD	-0.003 (-1.296)	-0.003* (-1.810)	0.004** (2.032)
TD × SOE	0.018*** (5.329)	0.000 (0.099)	
ENTREP			-0.072*** (-5.390)
ENTREP × SOE			0.087*** (5.177)
SOE	-0.002 (-0.910)	-0.013*** (-5.872)	-0.015*** (-3.665)
FA	-0.500*** (-54.697)	-0.023*** (-3.171)	-0.497*** (-54.716)
TANG	0.449*** (31.016)	0.044*** (3.226)	0.448*** (30.817)
CFLOW	0.271*** (14.932)	0.158*** (10.938)	0.280*** (15.380)
INVEST	0.045*** (6.723)	0.017*** (4.165)	0.045*** (6.779)
GROWTH	-0.012*** (-6.184)	-0.003* (-1.749)	-0.012*** (-6.212)
SIZE	0.009*** (8.169)	0.012*** (12.386)	0.010*** (8.389)

续表

变量	(1) Fin	(2) ENTREP	(3) Fin
LEV	-0.152*** (-16.895)	0.005 (0.682)	-0.150*** (-16.618)
CAIWU	-1.129*** (-13.096)	-0.302*** (-4.880)	-1.133*** (-13.092)
EBIT	0.301*** (10.807)	0.047** (2.191)	0.303*** (10.867)
PRO	-0.227*** (-7.973)	-0.043** (-2.023)	-0.230*** (-8.048)
FAH	0.027*** (13.416)	-0.001 (-0.672)	0.027*** (13.264)
FS	-0.000*** (-3.088)	-0.000* (-1.711)	-0.000*** (-2.917)
CIP	0.004 (1.575)	-0.001 (-0.768)	0.004 (1.577)
Constant	-0.167*** (-6.298)	-0.191*** (-8.422)	-0.164*** (-6.152)
Year/Industry	YES	YES	YES
Adj. R^2	0.454	0.499	0.455
N	11909	11909	11909

注：***、**和*分别表示在1%、5%和10%的水平上显著；括号中为相应的t统计值。

5.6.2 是否为出口企业的调节作用

中美贸易摩擦引致的企业外部环境不确定性和市场竞争程度的加剧，削弱了企业家精神，对企业的出口业务也产生了显著的负面影响（张大海等，2021）。美国对中国出口商品加征关税（丁守海和徐政，2021），导致中国对美国出口产品的价格出现较大幅度上涨（杨培强和张兴泉，2014）、对美出口下降（丁守海和徐政，2021），企业对其他市场的出口也受到冲击（蒋为和孙浦阳，2016），中国出口产品竞争压力增大。此外，企业通过包销、代理等中介来提高出口比重，虽然提高了资金的使用效率，但却弱化了企业创新能力，导致企业出口对企业家精神产生"挤出"效应（胡赛，2018）。因此，当企业为出口企业时，较大的不确定性以及为了获取潜在收益而进行的出口活动抑制了企业家精神，进而削弱了企业家精神对企业金融资产配置的抑制作用。基于以上分析，本书提出如下假设：

H5-5：企业是否为出口企业调节了企业家精神在中美贸易摩擦与企业金融资产配置之间的中介作用，即相对非出口企业，出口企业的企业家精神对企业金融资产配置的抑制作用减弱。

为了验证 H5-5，本章参考高越和陈胜发（2022）的做法，根据上市公司主营业务类型是否从事出口贸易，将企业分为出口企业和非出口企业，并设置虚拟变量 $EXPORT$，若企业为出口企业则 $EXPORT$ 取值为 1，否则为 0。表 5-13 报告了出口企业对企业家精神中介效应的调节作用。由表 5-13 第（1）列回归结果可知，中美贸易摩擦与出口企业的交乘项（$TD \times EXPORT$）系数不显著，说明中美贸易摩擦与企业金融资产配置的直接效应未受到出口企业虚拟变量的调节；第（2）列中美贸易摩擦（TD）系数为 -0.003，在 5% 的水平上显著为负，第（3）列企业家精神与出口企业的交乘项（$ENTREP \times EXPORT$）系数为 0.107，在 10% 的水平上显著为正，说明有调节的中介效应成立，且中介效应的后半段受到调节。由此可知，是否为出口企业显著调节了企业家精神在中美贸易摩擦与企业金融资产配置之间的中介作用，即相比于非出口企业，当企业为出口企业时，企业家精神对企业金融资产配置的抑制作用减弱，H5-5 成立。

表 5-13　　企业是否出口的调节作用

变量	(1) Fin	(2) ENTREP	(3) Fin
TD	0.004** (2.142)	-0.003** (-2.060)	0.004** (2.080)
TD × EXPORT	-0.002 (-0.241)	0.014 (1.499)	
ENTREP			-0.040*** (-3.449)
ENTREP × EXPORT			0.107* (1.942)
EXPORT	-0.003 (-0.395)	-0.006 (-0.839)	-0.026* (-1.922)
FA	-0.495*** (-54.652)	-0.027*** (-3.675)	-0.497*** (-54.812)
TANG	0.450*** (31.058)	0.038*** (2.772)	0.451*** (31.086)
CFLOW	0.270*** (14.875)	0.160*** (11.047)	0.276*** (15.156)
INVEST	0.045*** (6.761)	0.014*** (3.513)	0.046*** (6.845)
GROWTH	-0.012*** (-6.124)	-0.003** (-2.011)	-0.012*** (-6.155)
SIZE	0.010*** (8.589)	0.011*** (11.363)	0.010*** (8.928)
LEV	-0.151*** (-16.800)	-0.001 (-0.168)	-0.151*** (-16.796)
CAIWU	-1.140*** (-13.233)	-0.268*** (-4.338)	-1.148*** (-13.309)

续表

变量	(1) Fin	(2) ENTREP	(3) Fin
EBIT	0.301*** (10.814)	0.046** (2.121)	0.302*** (10.880)
PRO	-0.228*** (-8.016)	-0.037* (-1.723)	-0.230*** (-8.066)
FAH	0.028*** (13.439)	-0.002 (-1.033)	0.028*** (13.395)
FS	-0.000*** (-2.875)	-0.000** (-2.151)	-0.000*** (-2.968)
CIP	0.003 (1.352)	0.002 (0.832)	0.003 (1.402)
Constant	-0.177*** (-6.764)	-0.167*** (-7.419)	-0.182*** (-6.967)
Year/Industry	YES	YES	YES
Adj. R^2	0.453	0.497	0.454
N	11909	11909	11909

注：***、**和*分别表示在1%、5%和10%的水平上显著；括号中为相应的 t 统计值。

5.7 结论与建议

本章以2009—2020年制造业上市公司为研究样本，基于"中美贸易摩擦—企业家精神—企业金融资产配置"研究框架，探讨了中美贸易摩擦、企业家精神与企业金融资产配置之间的关系，研究发现：中美贸易摩擦显著提高了企业金融资产配置。影响机制分析发现，企业家精神在中美贸易摩擦与企业金融资产配置之间起到部分中介作用。在进行了一系列稳健性检验后研究结论仍然成立。在进一步探讨有调节的中介效应发现，企业产权性质以及是否为出口企业显著调节了企业家精神在中美贸易摩擦与企业金融资产配置之间的中介作用，即当企业为国有企业或出口企业时，企业家精神对企业金融资产配置的抑制作用减弱。

综合以上结论，本章提出如下政策建议：①中美贸易摩擦给我国经济带来了负面冲击，我国应继续加快以国内大循环为主体，国内国际双循环相互促进的新发展格局，以应对国际经济形势不稳定，缓解贸易摩擦带给实体企业的负面冲击。如降低对美国出口贸易的依赖，不断扩大国内市场需求；大力扶持《中国制造2025》重点产业，为高端制造业产业营造良好的创新环境，提升企业自主创新意愿。②对受贸易摩擦冲击较大的企业，提供财政金融支持，防止企业资金链断裂、促进企业稳定发展；继续落实减税降费措施，降低企业融资成本，鼓励企业发展主营业务，缩小金融投资与实体投资的收益率，为实体企业发展营造一个良好的市场环境。③新时代下企业家精神被赋予了新的时代内涵，肩负着推动经济高质量发展的使命，要重视企业家精神的培育，充分意识到企业家精神对于协调虚拟经济与实体投资的重要作用。在贸易摩擦的冲击下，各地政府要营造培育企业家精神的营商环境，构建促进企业家精神发展的长效机制，激活企业家活力，引导企业提高资金有效配置。

第6章
营商环境、企业家精神与企业金融资产的动态调整[①]

6.1 引 言

营商环境、企业家精神与金融资产的动态协同是研究和化解企业脱实向虚,从而提高资源配置效率的重要基础理论,也是现实中优化我国营商环境以弘扬企业家精神亟待解决的重要问题。当前,由于实体经济的投资环境不佳,越来越多的制造业企业减少了对生产性资产的投资,而把资本配置在金融资产上(张成思和张步昙,2015),表现为资本从实体经济流向虚拟经济,进而导致实体经济低迷与虚拟经济膨胀并存,即经济"脱实向虚"(向松祚,2015)。2017年以来,中国经济最大的结构问题就是脱实向虚(管清友,2018),金融资产总量的不断膨胀,导致实体经济进一步恶化,整体经济不平衡进一步加剧,阻碍了金融和实体经济的协同发展,其根本原因是缺乏企业家、缺乏企业家发挥作用的营商环境(赵健,2018)。为此,习近平总书记于2020年7月21日在企业家座谈会上阐释了企业家精神的时代内涵和本质,要求营造市场化、法制化、国际化营商环境,弘扬新时代企业家精神以推动企业发挥更大

[①] 第6章的部分内容引自吴娜,于博,白雅馨,等,2021. 营商环境、企业家精神与金融资产的动态协同[J]. 会计研究(3):146-165.

作用实现更大发展。

由此可见,如何通过营造良好的营商环境对企业家精神的引领,从而优化企业金融资产配置,是国家在"高质量经济发展"过程中提出的重要设问。在新形势下,国家急需在推动经济修复和动能转换中寻找新的平衡点,而对于脱实向虚的治理,更重要的是如何营造引领企业家精神配置到生产活动的营商环境。因此,如何科学的认识推动制造业企业金融资产不断膨胀的因素所在?企业家精神对"金融资产膨胀"是否具有约束效应?如何构建营商环境、企业家精神与金融资产动态协同的微观路径?以及如何刻画营商环境、企业家精神影响金融资产的"超配—反哺"这一动态配置过程?便成为理解和改善我国营商环境、弘扬企业家精神、缓解脱实向虚的重要理论基础。然而,现有文献研究了影响企业"脱实向虚"的诱因(苏治等,2017;王爱俭等,2020;王永钦等,2016;戴泽伟和潘松剑,2019;干胜道等,2018;杜勇等,2019;赵健,2018)、经济后果(Aalbers,2008;阿瑞吉,2001;Dore,2008;Krippner,2005;舒鑫和于博,2020)、治理机制(胡宁等,2019)和传染机制(王营和曹廷求,2017)等方面,却忽视了其不断增长背后的微观动力——企业家精神,从企业家精神视角研究企业金融化的运行规律能够产生有益促进作用。由于现有研究大多从公司多元化战略、客户集中度、杠杆率、市场竞争力、企业社会责任、金融部门人力资本配置水平等视角研究金融化的"微观"成因。企业家精神作为最终影响企业是否参与金融资产投资的关键动力,因其在常规认知下与企业创新精神存在某种等价,却很少被提及。然而,根据鲍莫尔(1990)的研究,企业家精神不应作为对生产力和经济增长产生贡献的代名词。为了解释这一结论,其将那些与经济增长直接相关的企业家精神定义为生产性企业家精神,而将那些以套利为目的企业家精神定义为非生产性企业家精神,并认为如果一个经济体系的报酬支付结构中,通过诸如套利等非生产性活动

第6章 营商环境、企业家精神与企业金融资产的动态调整

比生产性活动更有利可图时,企业家就会从事非生产性活动。鲍莫尔(1990)认为,非生产性企业家精神聚焦上游资源的竞争,更关注套利能力的获取;而生产性企业家精神聚焦于下游产品市场竞争,更关注创新能力的获取。这意味着二者对金融化的影响能力和路径存在显著不同,但鲜有文献对此进行分路径探讨。因此,全面认识企业家精神(尤其是非生产性企业家精神)对金融化决策的影响及其路径是值得深入探究的重要理论设问,对理解金融化的微观成因具有重要意义。因此,本章以"企业家精神"为媒介,分析了营商环境、企业家精神与金融资产动态协同的传导机理,丰富了现有研究视角。首先,在分析金融资产概念边界的基础上,论证了制造业企业金融资产是否存在最优水平的理论逻辑,证明了企业金融资产存在向最优水平动态调整的特征;其次,将企业家精神分为生产性和非生产性,分别检验了生产性/非生产性企业家精神与企业金融资产调整速度的关系,证明了只有生产性企业家精神对"企业金融资产膨胀"具有约束效应;最后,验证了不同营商环境下的生产性/非生产性企业家精神在企业金融资产反哺最优水平的过程中的异质性特征,证明了营商环境的改善,既可以通过强化生产性企业家精神来加速企业金融资产反哺实体投资、化解"脱实向虚",也可以通过弱化非生产性企业家精神对反哺过程的抑制作用来加速反哺、缓解"脱实向虚"。

本章的理论贡献在于构建了新兴市场经济体制下的营商环境、企业家精神与金融资产的相机协同理论框架和体系;对社会契约论、融资约束理论和权衡理论是一种重要的补充,为国家宏观经济政策的制定提供了重要的政策依据。本章的实际应用价值体现为:①以企业家精神为媒介,为企业金融资产动态调整理论及其影响因素和调整路径分析提供了来自不同营商环境下的不同企业家精神方面的经验证据;对化解企业脱实向虚和防范金融风险具有重要的参考价值。②为理解不同企业家精神对企业金融资产投资过度膨胀的

修正作用，进而改善营商环境引导下的企业家精神提供了政策参考。③为企业在不同的营商环境下，提供了基于不同企业家精神的金融资产超配与反哺的动态配置预测参考值。

6.2 文献综述

6.2.1 目标金融资产及金融资产的动态调整

关于"目标金融资产"的概念，目前学术界尚未明确提出，本章在目标营运资本概念的基础上，提出目标金融资产概念。原因在于：王竹泉等（2007）将营运资金分为经营性营运资金和理财性营运资金（包括应收利息、应收股利、交易性金融资产、衍生金融资产、持有待售资产、交易性金融负债、衍生金融负债、持有待售负债、应付股利、应付利息等）。而广义的金融资产包括货币资金、持有至到期投资、交易性金融资产、衍生性金融资产、可供出售金融资产、长期股权投资以及应收股利和应收利息（刘贯春等，2018；安磊等，2018；戴赜等，2018；李馨子等，2019）。由此可知，金融资产的组成部分与"理财性营运资金"的大部分要素存在重合。由于营运资本存在最优目标值，作为营运资本重要组成部分的金融资产也应存在最优目标值。此外，在不完美的市场下，企业所面临的投资机会、财务状况、经营风险等方面存在显著差异，进而导致企业持有金融资产的动机有所不同。现有文献表明，企业持有金融资产既存在"蓄水池动机"（Stulz，1996；Denis et al.，2010；胡奕明等，2017）又包括"投机动机"（Tobin，1965；Seo et al.，2012；Akkemik and Ozen，2014），也存在"逐利动机"（杜勇等，2017）。企业持有金融资产是出于两种动机的权衡结果，企业应存在目标金融资产以实现企业价值最大化。金融资产作为营运资本的重要组成部分,目前有关金融资产动态调整的文献主要集中于现金的动态调整和营运资本的动态调整上。如:已有研究证明了企业存在向最优现金持有水平的动态调整特征(Teruel and Solano, 2008; Tayem and Ghada, 2017; 连玉君和苏治,2008; 刘博研和韩立岩,2012; 郑立东等,2014; 蒋水全等,2018); 也证明了企业存在目标营运资本,并且向目标营运资本进行动态调整(Banos – Caballero et al., 2013; 吴娜,2013; 张淑英,2015; 王满等,2016; 孙兰兰和王竹泉,2017; 吴娜等,2019), 上述文献研究均表明营运资本存在动态调整特征,也间接证明了企业金融资产应存在动态调整特征。

6.2.2 企业家精神与金融资产

企业家精神是指企业家在市场经济激烈竞争环境中善于发现和利用机会以获得可观察到报酬的能力,它是一种重要而特殊的无形生产要素。目前对生产性企业家精神的研究主要分为奥地利学派(认为企业家精神强调企业家对市场机会的识别能力)、新古典学派(关注企业家的风险承担和冒险精神)和德国学派(强调企业家的创新精神)。Baumol(1990)指出,一个经济体能否实现长期稳定增长,关键在于善于发现和利用机会并以逐利为目标的企业家精神是更多的配置到创新创业等生产性活动中,还是更多的配置到寻租甚至犯罪等非生产性活动。从而将企业家精神分为生产性企业家精神和非生产性企业家精神,二者与金融资产的文献综述如下:①生产性企业家精神与金融资产。已有文献集中研究了配置在生产性活动的企业家精神对经济增长的影响,结果表明配置在生产性活动的企业家精神对经济增长具有显著的积极效应。有关企业家精神与金融资产(或其组成要素)的研究并不多见,熊彼特关于企业家是从事"创造性破坏"的创新者观点,凸显了生产性企业家精神的实质和特征,彼得·德鲁克承继并发扬了熊彼特的观点,强调生产性企业家精神中最主要的是创新。目前有关创新（企业家精神）与金融资产的文献主要包括：谢家智等（2014）发现制造业企业创新发展能力弱化刺激了制造业进行金融资产投资。晋盛武和何珊珊（2017）发现企业研发投资与非货币金融资产持有具有显著的负相关关系。马红等（2018）研究发现虚拟经济与实体经济的非协调发展导致研发投资与金融资产投资负相关。②非生产性企业家精神与金融资产。如王芳和姚玲珍（2018）研究发现具有政治关联的私营企业更倾向于扩大房地产投资减少实业投资。

6.2.3 营商环境与企业家精神

有关营商环境与企业家精神的文献主要包括：魏下海等（2015）认为，更好的营商制度环境下，企业家的经济活动时间将更长，并且在有限的经济活动时间中，用于"内治"（即生产性的日常经营管理）的时间占比将更高；在更糟的营商制度环境下，情况相反。林涛和魏下海（2020）认为，良好的营商环境显著促进外来移民在迁入地开展创业活动，激发移民企业家精神。马骆茹和朱博恩（2017）认为，营商环境会影响企业的研发行为，在面临需求波动时，处于营商环境较好地区的企业研发模式更为稳定；而处于营商环境较差地区的企业则对波动比较敏感，会减少研发资金的投入甚至不再从事研发。夏后学等（2019）认为，优化营商环境有助于无寻租企业开展自主创新。张美莎和徐浩（2019）认为，优化营商环境有助于提高中小企业的技术创新水平，但同时会削弱关系型借贷对中小企业技术创新的影响。何凌云和陶东杰（2018）实证研究表明，企业所在城市的营商环境越好，研发投入的强度越高；企业政治关联程度越小，其研发投入强度受营商环境的影响越大。Dong et al.（2016）发现营商环境改善时，企业家享受到了制度保护，促使他们增加生产性活动，减少非生产性活动。

综上所述，可以看出国内外学者对于金融资产影响因素的研究主要倾向于企业内部可控因素的静态分析，而对于不同营商环境下的企业家精神如何动态的影响企业金融资产，以及金融资产在不同营商环境下如何进行超配与反哺的动态调整尚缺乏相应的理论支持。

6.3 理论分析

6.3.1 目标金融资产存在的机理分析

美林投资时钟理论认为，在不同宏观因素背景下，经营性资产（包含经营性运营资产）与非经营性资产（包含金融资产）收益表现出此消彼长的关系，资金会在经营性资产和金融资产之间作出竞争性选择。姜超和顾潇啸（2016）根据广义轮动模型从宏观角度证明了中国市场环境下经营性资产与金融资产在过去20年间存在收益轮动特点。经营性资产与金融资产在宏观上呈现收益轮动特点驱动了企业的资产结构调整行为（Greetham and Hartnett，2004）。冯建和王丹（2013）认为，面对外部实体经济和宏观经济政策的不确定性，企业确实会对资产结构进行重新配置，以主动应对宏观经济因素的冲击。Da Luz et al.（2015）研究显示经营利润对金融资产和投资收益有正面影响。根据 Davis（2013）和 Da Luz et al.（2015）研究表明经营性资产与金融资产之间存在着替代效应或互补效应。在替代效应下，公司主营业务利润率越低，金融资产配置比例越大；而在互补效应下经营性资产与金融资产二者存在共同增长或者共同下降的趋势，即公司的经营状况越好，公司可支配的资金越多，越有能力配置更多金融资产。而宋军和陆旸（2015）研究发现公司所持有的非货币性金融资产和公司的经营收益率之间呈"U"形关系（如图6-1所示：横轴 ro 为利润率，纵轴 f 为金融资产占比），图1表明企业金融资产的最优水平会随着企业经营利润率的波动而进行动态调整,由于经营利润率会随着周期波动而向均衡速率收敛,所以从较长历史时期来看,金融资产具有动态收敛特征。因此,企业应存在最优金融资产水平以平衡风险和收益,实现企业价值最大化。

基于以上分析,本书提出以下假设。

H6-1:企业存在目标金融资产,并会向目标金融资产调整。

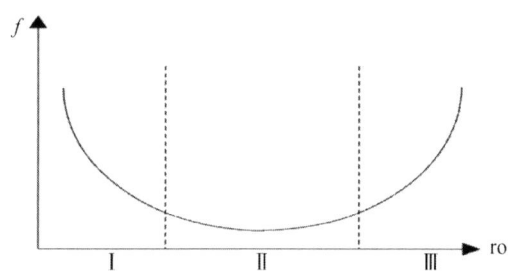

图6-1 企业金融资产与利润率的"U"形关系

6.3.2 企业家精神对金融资产动态调整的影响机理分析

企业家精神是指企业家在市场经济激烈竞争环境中善于发现和利用机会以获得可观察到报酬的能力。Baumol(1990)指出,一个经济体能否实现长期稳定增长,关键在于善于发现和利用机会并以逐利为目标的企业家精神是更多的配置到创新创业等生产性活动中,还是更多的配置到非生产性活动。当企业家精神更多的配置到生产性活动时,其创新活动的倾向增强。而当企业因外部需求冲击面临融资约束时,由于金融资产具有流动性强和调整成本低的特征,使企业家往往利用金融资产的蓄水池功能,通过平滑机制将金融资产转变为创新投资,导致企业超配的金融资产以更快的速度向最优水平收敛,从而更好地反哺实体经济。即生产性企业家精神会加快企业金融资产反哺速度。基于以上分析,本书提出以下假设:

H6-2a:生产性企业家精神与企业金融资产反哺速度正相关

（促进反哺）。

此外，由于企业资源的有限性，以及经济转型期一些地区存在的要素市场扭曲现象会激励企业家通过套利活动获取要素资源，进而取得非产品市场（资源市场）竞争力，这如同为企业构建了一条发展"捷径"，并减少企业在其他用途上的资金支出（葛立宇，2018）。当套利活动能够给企业带来超额收益时，会导致企业不愿将宝贵的资源投入创新活动，而是转向套利活动，并以此谋求快速发展。与此同时，创新活动的高风险性和不确定性使企业更加关注套利活动所创造的资源优势，由于获取这种资源优势与获取创新优势相比更便捷，因此，通过套利活动获取资源优势，从而谋求非公平竞争为企业带来的市场机会和地位对企业家更具吸引力，导致生产性企业家精神配置不足。即非生产性企业家精神的配置（套利活动）会挤出生产性企业家精神（创新活动），削弱企业长期创新能力和主营业务利润，倒逼企业家增加金融资产，从而抑制了金融资产的反哺速度。基于以上分析，本书提出以下假设：

H6-2b：非生产性企业家精神与企业金融资产反哺速度负相关（抑制反哺）。

6.3.3 营商环境、企业家精神对金融资产动态调整的协同影响分析

在一个社会中，企业家精神配置在生产性或非生产性活动的收益结构内生于社会的博弈规则中，若社会中的营商环境是完备的，那么生产性活动的相对收益将会更高，这会激励企业家精神配置到生产性活动中。即当营商环境较好时，政策更稳定、司法更公正、政府办事更有效率，当地政府对经济资源配置的干预和管制更少，要素市场发育得更好，腐败的交易成本会增加，企业家将资源配置到套利等非生产性活动的概率会降低（李后建，2013）；如果实体经济投资机会相对较多，企业家开展生产性活动能够得到更好的保

障,通过影响政府和司法获得财富再分配收益的可能性大幅度下降(何文剑等,2019),生产性活动相对较高的收益会激励企业家精神配置到生产性活动,具体表现为企业将更多的资金投入创新创业活动。由于创新投资具有长期性、不确定性及调整成本高的特点(李华,2018),使企业很难依靠有限的外源融资开展创新活动,只能转而依靠内源融资,而内源融资的有限性,又必然会导致其资产结构的调整经历此消彼长的过程(孟庆斌等,2019)。为了保证创新活动的顺利开展,企业会减少调整成本较低的金融资产,加快其动态收敛速度,从而实现金融资产对实体经济的反哺。基于以上分析,本书提出以下假设:

H6-3a:在高营商环境下,生产性企业家精神对金融资产动态收敛速度的提升作用比低营商环境下更强。即营商环境的改善能够通过强化生产性企业家精神来强化"脱实向虚"的治理水平。

若社会中的营商环境是不完备的,则生产性活动的相对收益更低,在面临有效需求不足和创新技术滞后的双重困扰下,企业若继续加大生产性投资,会进一步加剧生产过剩和利润下降(谢家智等,2014),因此,企业会降低创新/创业投资的意愿;而非生产性活动在营商环境较低的地区其相对收益会更高,这将促使企业家趋于逐利动机寻找新的投资与盈利渠道,因此会更多地从事金融资产投资等非生产性活动。即当营商环境较差时,非生产性企业家精神配置会更高,此时企业会更倾向于持有金融资产以获得更多收益,从而弱化企业金融资产向最优水平调整的意愿,降低调整速度。而营商环境越完善,非生产性企业家精神的配置越低(市场竞争越公平、资源竞争意愿越低),非生产性企业家精神的形成动机越被弱化,进而会加速企业金融资产收敛。基于以上分析,本书提出以下假设:

H6-3b:在低营商环境下,非生产性企业家精神对金融资产动态收敛速度的抑制作用比高营商环境下更明显。即营商环境的改善能够通过减少非生产性企业家精神对金融资产动态收敛速度的抑制作用来缓解"脱实向虚"。

由此可见，营商环境不同方面的变迁所产生的激励结构变化诱使企业家精神的配置方向、释放程度发生演进，进而通过影响企业的生产性活动和非生产性活动对企业金融资产的动态调整产生影响，从而形成企业金融资产的超配与反哺效应。

6.4 研究设计

6.4.1 样本选择

本章的财务数据主要来自 CSMAR 数据库，以 A 股制造业上市公司 2008—2018 年非平衡面板数据为样本，行业分类以 2012 年证监会修订的《上市公司行业分类指引》为依据。本章对样本进行了如下处理：①剔除了金融、保险业公司；②剔除了 ST、PT 公司；③剔除了部分财务数据缺失的公司；④对所有连续变量在 1% 和 99% 分位上进行缩尾处理。最终，共计得到 12098 个观测值。

6.4.2 主要变量说明

(1) 金融资产的衡量

本章采用 Penman and Nissim（2001）提出的财务分析框架，结合黄贤环和王瑶（2019）、戴赜等（2018）的做法，剔除了货币资金和长期股权投资，只保留交易性金融资产、持有至到期投资、可供出售金融资产及投资性房地产作为金融资产的组成部分，以更好地反映企业从事金融资产投资活动。

(2) 营商环境、企业家精神的衡量

由于营商环境在多数省份内部不同城市间存在较大差异，具体至城市层面的营商环境可能包含的噪音更少（周泽将等，2020）。

因此，参考于超和梁平汉（2019）、周泽将等（2020）的做法，采用城市综合经济竞争力指数来衡量城市层面的营商环境，数据来自《中国城市竞争力报告》（2008—2018）。

鉴于企业家精神在配置上具体表现为生产性活动和非生产性活动（何轩等，2016），其中生产性活动的企业家精神主要表现为创新活动，本章采用袁晓玲等（2012）使用的研发投入占营业收入比指标衡量；非生产性活动的企业家精神主要表现在企业借助与政府部门建立长期稳定关系（如通过寻租、腐败行为）来获得投资机会，本章借鉴陈骏和徐捍军（2019）使用的超额管理费用衡量。具体模型如下：

$$MANAGE_{it} = \beta_0 + \beta_1 \ln SALE_{it} + \beta_2 LEV_{it} + \beta_3 GROWTH_{it} + \beta_4 BDS_{it} + \beta_5 STAFF_{it} + \beta_6 BIG4_{it} + \beta_7 AGE_{it} + \beta_8 PROFIT_{it} + \beta_9 HHIFS\_5_{it} + \varepsilon_{it}$$

(6-1)

其中，$MANAGE$ 为管理费用与营业收入之比，$\ln SALE$ 为营业收入的自然对数；LEV 为资本结构；$GROWTH$ 为成长性；BDS 为公司董事会规模；$STAFF$ 为员工总数；$BIG4$ 为上市公司会计师事务所，若为国际四大会计师事务所则取 1，否则为 0；AGE 为上市年限；$PROFIT$ 为毛利率；$HHIFS\_5$ 为公司前五大股东的赫芬达尔指数。对以上模型中连续型变量进行上下 1% 缩尾处理，并对该模型采用分年度分行业回归，回归取得的残差项即为超额管理费用，作为衡量非生产性企业家精神的核心代理变量。

（3）控制变量

参考李云鹤等（2011）、黎文靖和孔东民（2013）及吴娜（2013）的做法。因货币政策对金融资产具有显著影响（如：张卫国等，2020；杜伟岸和李嘉瑶，2020；傅代国和杨昌安，2019；李元和王擎，2020）；公司治理特征对金融资产亦具有显著影响（如：闫海洲和陈百助，2018；徐经长和曾雪云，2012；胡奕明等，2017），本章进一步控制了货币政策变量和治理特征变量。此

第6章 营商环境、企业家精神与企业金融资产的动态调整

外,固定资产投资风险(张成思和郑宁,2018)、CEO金融背景(杜勇等,2019)也对金融资产投资产生影响,因此,本章还进一步控制了固定资产投资风险与CEO金融背景变量。各主要变量具体含义如表6-1所示。

表6-1   变量定义

变量类型	变量名称	符号	定义
被解释变量	金融资产	FIN	FIN=(交易性金融资产+持有至到期投资+可供出售金融资产+投资性房地产)/总资产
解释变量	生产性企业家精神	RD	研发投入占营业收入比
	非生产性企业家精神	GF	超额管理费用
	营商环境	YS	城市综合经济竞争力指数
控制变量	货币政策	LIR	(名义贷款利率-通货膨胀率)滞后一期
	固定资产投资	FA	固定资产/总资产
	现金流量	CFLOW	经营活动现金流量/总资产
	盈利能力	PRO	总资产净利润率
	成长性	GROWTH	营业收入增长率
	公司规模	SIZE	LN总资产
	融资成本	FCOST	财务费用/(负债-应付账款)
	资本结构	LEV	资产负债率
	成长机会	TQ	市场价值与账面价值之比
	股权集中度	FS	第一大股东持股比例
	董事会规模	BDS	LN董事会人数
	独立董事比例	IND	独立董事占董事会人数的比例
	两职兼任情况	CIP	虚拟变量,若董事长与总经理兼任取1;否则取0
	产权性质	SOE	虚拟变量,若国有企业取1;非国有企业取0
	CEO金融背景	CEOFIN	虚拟变量,若CEO具有金融背景取1;否则取0
	固定资产投资占比	FARISK	固定资产投资风险与总投资风险之比

6.4.3 模型设计

本章以 Banos-Caballero et al. (2013) 目标营运资本需求模型为基础,将目标金融资产模型设定为:

$$FIN_{it}^* = \beta_0 + \beta_1 LIR_{it} + \beta_2 FA_{it} + \beta_3 CFLOW_{it} + \beta_4 PRO_{it} + \beta_5 GROWTH_{it} + \beta_6 SIZE_{it} + \beta_7 FCOST_{it} + \beta_8 LEV_{it} + \beta_9 TQ_{it} + \beta_{10} FS_{it} + \beta_{11} BDS_{it} + \beta_{12} IND_{it} + \beta_{13} CIP_{it} + \beta_{14} SOE_{it} + \beta_{15} CEOFIN_{it} + \beta_{16} FARISK_{it} + \mu_i + \varepsilon_{it} \quad (6-2)$$

在上述模型中,β_0 为常数项,假设个体效应 μ_i 是常量,代表影响金融资产恒定不变的因素,其他随时间而变的因素的作用归入随机项 ε_{it} 中。其他变量定义见表6-1。

对金融资产动态调整模型的构建使用局部调整模型,其模型形式为:

$$FIN_{it} - FIN_{it-1} = \lambda(FIN_{it}^* - FIN_{it-1}) + \varepsilon_{it} \quad (6-3)$$

其中,FIN_{it} 和 FIN_{it-1} 分别表示第 i 家企业在 t 年和 $t-1$ 年的金融资产需求,FIN_{it}^* 表示第 i 家企业在第 t 年的目标金融资产需求,用于衡量该企业的目标金融资产。调整速度决定于调整系数 λ ($0 \leq \lambda \leq 1$)。如果 $\lambda = 0$,表示企业基本不进行调整;如果 $\lambda = 1$,表示企业的调整行为比较积极,可以在当期调整到目标金融资产需求水平。

由于模型(6-2)中的目标金融资产 FIN_{it}^* 的取值不能直接获得,因此参考黄继承等(2014)的做法。首先,将模型(6-2)代入模型(6-3)中,得到模型(6-4)。

$$FIN_{it} = (1-\lambda)FIN_{it-1} + \lambda\beta_0 + \lambda\beta_1 LIR_{it} + \lambda\beta_2 FA_{it} + \lambda\beta_3 CFLOW_{it} + \lambda\beta_4 PRO_{it} + \lambda\beta_5 GROWTH_{it} + \lambda\beta_6 SIZE_{it} + \lambda\beta_7 FCOST_{it} + \lambda\beta_8 LEV_{it} + \lambda\beta_9 TQ_{it} + \lambda\beta_{10} FS_{it} + \lambda\beta_{11} BDS_{it} + \lambda\beta_{12} IND_{it} + \lambda\beta_{13} CIP_{it} + \lambda\beta_{14} SOE_{it} + \lambda\beta_{15} CEOFIN_{it} + \lambda\beta_{16} FARISK_{it} + \mu_i + \varepsilon_{it} \quad (6-4)$$

其次,参照黄继承等(2016)、郑曼妮等(2018)的做法,对模型（6-4）进行估计得到 $(1-\lambda)$ 以及 $\lambda\beta_0$ 至 $\lambda\beta_{16}$ 的值，进而得到 β_0 至 β_{16} 的值。再次，将 β_0 至 β_{16} 代入模型（6-2）中，得到 FIN_{it}^* 的值。最后，用金融资产实际值减去目标金融资产值，得到残差，并保留残差大于 0 的样本。本章对目标金融资产需求局部模型采用全样本进行回归，其他模型均采用残差大于 0 的样本进行回归。

对模型（6-3）再次进行变换，并加入反映个体效应和时间效应的虚拟变量 α_i 和 ν_t，得到如下动态面板数据模型：

$$FIN_{it} = (1-\lambda)FIN_{it-1} + \lambda FIN_{it}^* + \alpha_i + \nu_t + \varepsilon_{it} \quad (6-5)$$

为分析不同企业家精神对金融资产调整速度的影响，将企业家精神分为生产性企业家精神（RD）和非生产性企业家精神（GF），借鉴吴娜等（2017）对营运资本动态调整速度的分析方法，在模型（6-5）右边加入生产性企业家精神和非生产性企业家精神，得到扩展模型（6-6）：

$$FIN_{it} = (1-\lambda)FIN_{it-1} + \lambda FIN_{it}^* + \sigma RD_{it-1}(GF_{it-1}) + \tau RD_{it-1}(GF_{it-1})$$
$$\times FIN_{it-1} + \alpha_i + \nu_t + \varepsilon_{it} \quad (6-6)$$

FIN 的调整速度为 $\lambda' = \lambda - \tau RD_{it-1}(GF_{it-1})$，如果系数 τ 显著为正，说明 FIN 的调整速度会随着企业家精神的提高而降低；相反，如果 τ 显著为负，说明随着企业家精神的提高，FIN 调整速度会显著提高。

为了验证不同营商环境下，企业家精神对金融资产调整速度的影响，对营商环境按其中位数进行分组，并在模型（6-6）的基础上对分组后的样本分别进行回归，以比较不同营商环境下的企业家精神对金融资产的调整速度是否存在差异性。

6.4.4 组间差异显著性检验——Bootstrap 法

在分组检验中，不同营商环境下企业家精神对金融资产调整速度是否存在显著性差异是本章的基本判断依据。本章进一步参考连玉君和苏治（2008）、连玉君等（2010）的做法，采用"自抽样法（Bootstrap）"来检验组间差异的显著性。原假设是 $H_0: d_0 = 0$，即组间的系数估计值不存在显著差异。采用 Bootstrap 法得出的经验 P 值表示实际观察到的组间系数差异可能出现的概率，获取步骤如下：①将样本按其分组变量的中位数进行分组，分为"高变量组""低变量组"；②分别针对这两个子样本组估计模型并记录组间调整系数差异；③将第一步和第二步重复进行 3000 次，统计实际系数差异大于抽样差异的概率，即经验 P 值，如果经验 P 值小于特定的置信水平，拒绝原假设，表明组间调整速度的差异在相应的置信水平上显著异于 0。

6.4.5 描述性统计

表 6-2 列示了主要变量的描述性统计结果。由表 6-2 可知，金融资产（FIN）的最大值为 0.261，最小值为 0，均值为 0.019，表明企业的金融资产持有水平存在显著差异。营商环境指数（YS）均值为 0.402，最大值为 0.896，最小值为 0.050，表明不同地区的营商环境差异较大。生产性企业家精神（RD）的均值为 0.043，中位数为 0.034，最大值为 0.253，超过均值水平；非生产性企业家精神（GF）的均值为 0.012，中位数为 0.119，最大值为 0.608，超过均值水平，表明不同企业的企业家精神存在显著差异。其他控制变量的分布与现有文献基本一致。

表 6-2　　　　　　　　描述性统计分析表

变量	均值	标准差	p25	中位数	p75	最小值	最大值
FIN	0.019	0.042	0	0.002	0.017	0	0.261
YS	0.402	0.242	0.195	0.333	0.604	0.050	0.896
RD	0.043	0.043	0.015	0.034	0.052	0	0.253
GF	0.012	0.430	-0.034	0.119	0.226	-2.705	0.608

续表

变量	均值	标准差	p25	中位数	p75	最小值	最大值
LIR	3.267	1.279	2.750	3.160	3.905	0.871	6.461
FA	0.237	0.140	0.129	0.211	0.321	0.019	0.627
CFLOW	0.047	0.065	0.009	0.045	0.086	-0.134	0.232
PRO	0.045	0.052	0.017	0.042	0.072	-0.154	0.198
GROWTH	0.221	0.533	-0.0472	0.106	0.322	-0.587	3.207
SIZE	21.883	1.141	21.038	21.733	22.545	19.903	25.213
FCOST	-0.001	0.083	-0.006	0.019	0.036	-0.516	0.104
LEV	0.388	0.195	0.229	0.380	0.535	0.046	0.834
TQ	2.077	1.188	1.306	1.691	2.403	0.915	7.543
FS	0.347	0.141	0.235	0.333	0.440	0.088	0.739
BDS	2.441	0.270	2.303	2.398	2.639	1.792	3.135
IND	0.373	0.095	0.300	0.364	0.429	0.167	0.625
CIP	0.281	0.450	0	0	1	0	1
SOE	0.344	0.475	0	0	1	0	1
CEOFIN	0.031	0.174	0	0	0	0	1
FARISK	0.773	0.065	0.754	0.799	0.800	0.438	0.927

6.5 回归结果

6.5.1 企业家精神对金融资产动态调整速度的影响分析

表6-3采用系统GMM方法对模型进行估计，初步观察Hansen检验的P值均大于10%的临界值，表明工具变量集不存在过度识别问题，模型设定合理。由表6-3可知：第（1）列FIN_{-1}系数为0.751，其调整速度$\lambda = 1 - 0.751 = 0.249$，说明总体上金融资产

存在调整特征，但调整速度较慢；第（2）列为生产性企业家精神与金融资产调整速度的关系，其交互项系数为-2.608，在5%水平上显著为负，由于调整速度为 $\lambda' = \lambda - \tau RD_{it-1}$，说明生产性企业家精神越强，金融资产调整速度越快，H6-2a 成立；第（3）列为非生产性企业家精神与金融资产调整速度的关系，其交互项系数为0.638，在5%水平上显著为正，由于调整速度为 $\lambda' = \lambda - \tau GF_{it-1}$，说明非生产性企业家精神越强，金融资产调整速度越慢，H6-2b 成立。

表6-3 企业家精神对金融资产动态调整速度的回归结果

Independent Variables	目标金融资产	生产性企业家精神	非生产性企业家精神
FIN_{-1}	0.751***	0.658***	0.729***
	(21.90)	(13.17)	(12.48)
$FIN_{-1} \times RD_{-1}$		-2.608**	
		(-2.49)	
RD_{-1}		-0.284***	
		(-4.67)	
$FIN_{-1} \times GF_{-1}$			0.638**
			(2.25)
GF_{-1}			-0.009*
			(-1.65)
LIR	0.001	0.003***	-0.001*
	(0.73)	(5.18)	(-1.80)
FA	-0.006	-0.501***	-0.012**
	(-0.55)	(-11.74)	(-2.53)
CFLOW	0.017	0.150***	0.003
	(0.19)	(7.75)	(0.53)

续表

Independent Variables	目标金融资产	生产性企业家精神	非生产性企业家精神
PRO	-0.208**	-0.036	-0.094
	(-2.05)	(-0.82)	(-1.57)
GROWTH	-0.001	-0.016***	-0.002*
	(-0.42)	(-8.36)	(-1.81)
SIZE	0.006***	-0.003*	0.004
	(2.58)	(-1.65)	(1.02)
FCOST	0.038***	0.163***	0.029
	(3.61)	(7.77)	(0.69)
LEV	-0.031**	0.016	-0.028
	(-1.99)	(1.41)	(-0.47)
TQ	0.003***	-0.002**	0.008***
	(2.73)	(-2.08)	(2.97)
FS	-0.005	-0.001	-0.000
	(-0.63)	(-0.12)	(-0.04)
BDS	0.015***	0.010**	0.013
	(3.85)	(2.26)	(0.72)
IND	-0.026***	0.019*	0.009
	(-2.90)	(1.75)	(1.43)
CIP	0.114***	-0.210	0.138**
	(4.93)	(-1.26)	(2.40)
SOE	0.019***	0.009**	-0.003
	(3.58)	(2.06)	(-0.96)
FINBACK	-0.038	0.023*	0.002
	(-1.32)	(1.81)	(0.45)
FARISK	-0.027	0.021	-0.018
	(-0.72)	(0.76)	(-0.96)

续表

Independent Variables	目标金融资产	生产性企业家精神	非生产性企业家精神
CONS	-0.150**	0.155**	-0.099
	(-2.29)	(2.57)	(-1.09)
Wald Test	753.19***	1400.44***	1198.59***
Hensen P 值	0.486	0.184	0.632
AR (1)	-8.82***	-7.64***	-6.53***
AR (2)	-0.23	-1.56	1.56
N	10286	5190	6566

注：括号中为 t 值； *、**、*** 分别表示 10%、5%、1% 显著性水平。

6.5.2 不同营商环境下生产性企业家精神与金融资产的动态调整

表 6-4 为不同营商环境下生产性企业家精神对金融资产调整速度的影响。第（1）列为高营商环境下，生产性企业家精神对金融资产调整速度的影响，$FIN_{it-1} \times RD_{it-1}$ 的系数 τ 为 -3.716，在 1% 水平上显著为负；第（2）列为低营商环境下，生产性企业家精神对金融资产调整速度的影响，$FIN_{it-1} \times RD_{it-1}$ 的系数 τ 为 -1.686，在 10% 水平上显著为负。由于金融资产调整速度为 $\lambda - \tau RD_{it-1}$，结果显示高营商环境下，生产性企业精神与金融资产的交乘项系数 $|\tau|$ 大于低营商环境下交乘项系数 $|\tau|$（-3.716 VS -1.686）。经由 Bootstrap 法得到的经验 P 值为 0.072，说明不同营商环境下生产性企业家精神与金融资产的调整速度差异在 10% 水平上显著异于 0。即营商环境越完善，生产性企业家精神越有助于加快金融资产的调整速度，H6-3a 成立。

表6-4 不同营商环境下生产性企业家精神对金融资产调整速度的回归结果

Independent Variables	FIN	
	高营商环境组	低营商环境组
FIN_{-1}	0.892***	0.635***
	(29.580)	(20.602)
$FIN_{-1} \times RD_{-1}$	-3.716***	-1.686*
	(-8.995)	(-1.844)
RD_{-1}	-0.037*	-0.057
	(-1.781)	(-1.441)
LIR	0.001***	0.003***
	(3.596)	(8.139)
FA	-0.131***	-0.229***
	(-14.386)	(-12.406)
CFLOW	0.063***	0.088***
	(9.089)	(7.977)
PRO	-0.101***	-0.121***
	(-6.671)	(-6.487)
GROWTH	-0.004***	-0.007***
	(-3.609)	(-6.353)
SIZE	-0.001	-0.000
	(-1.319)	(-0.288)
FCOST	0.040***	0.097***
	(7.234)	(6.262)
LEV	-0.005	-0.008
	(-1.174)	(-1.188)
TQ	0.000	-0.000
	(0.390)	(-0.632)

续表

Independent Variables	FIN	
	高营商环境组	低营商环境组
FS	0.004	0.013
	(0.830)	(1.644)
BDS	0.010***	0.003
	(3.286)	(0.971)
IND	0.014***	0.025***
	(2.882)	(3.244)
CIP	0.027	0.056**
	(0.331)	(2.005)
SOE	-0.006	0.001
	(-1.067)	(0.203)
FINBACK	-0.003**	-0.037
	(-2.122)	(-0.591)
FARISK	-0.049***	-0.090***
	(-10.112)	(-6.192)
CONS	0.071***	0.119***
	(3.232)	(3.487)
Wald Test	628197.92***	8880.73***
Hensen P 值	0.224	0.424
AR(1)	-4.26***	-5.08***
AR(2)	-0.59	0.56
N	2446	2744
经验 P 值	0.072*	

注：(1) 括号中为 t 值；*、**、***分别表示10%、5%、1%显著性水平；

(2) "经验 P 值"用于检验组间调整系数差异的显著性，通过自体抽样（Bootstrap）3000次得到。

6.5.3 不同营商环境下非生产性企业家精神与金融资产的动态调整

表 6-5 为不同营商环境下非生产性企业家精神对金融资产调整速度的影响。第（1）列为高营商环境下，非生产性企业家精神对金融资产调整速度的影响，$FIN_{it-1} \times GF_{it-1}$ 的系数 τ 为 0.133，在 10% 水平上显著为正；第（2）列为低营商环境下，非生产性企业家精神对金融资产调整速度的影响，$FIN_{it-1} \times GF_{it-1}$ 的系数 τ 为 0.477，在 5% 水平上显著为正。由于金融资产调整速度为 $\lambda - \tau GF_{it-1}$，结果显示低营商环境下，生产性企业精神与金融资产的交乘项系数 $|\tau|$ 大于高营商环境下交乘项系数 $|\tau|$（0.477 VS 0.133）。经由 Bootsrap 法得到的经验 P 值为 0.008，说明不同营商环境下非生产性企业家精神与金融资产的调整速度差异在 1% 水平上显著异于 0。即在低营商环境下，非生产性企业家精神对金融资产动态收敛速度的抑制作用更明显，H6-3b 成立。

表 6-5 不同营商环境下非生产性企业家精神对金融资产调整速度的回归结果

Independent Variables	FIN	
	高营商环境组	低营商环境组
FIN_{-1}	0.687***	0.522***
	(30.50)	(6.15)
$FIN_{-1} \times GF_{-1}$	0.133*	0.477**
	(1.77)	(2.53)
GF_{-1}	-0.004*	-0.019**
	(-1.70)	(-2.10)
LIR	0.000	-0.007***
	(1.25)	(-4.23)

续表

Independent Variables	FIN	
	高营商环境组	低营商环境组
FA	-0.014***	-0.298***
	(-3.82)	(-2.59)
$CFLOW$	0.005	0.112***
	(0.71)	(2.77)
PRO	-0.029***	0.011
	(-2.79)	(0.14)
$GROWTH$	-0.003***	-0.009**
	(-3.49)	(-2.38)
$SIZE$	-0.001*	-0.016***
	(-1.94)	(-2.73)
$FCOST$	0.018**	-0.075
	(2.14)	(-0.57)
LEV	-0.012***	0.200***
	(-3.30)	(2.96)
TQ	0.000	0.010***
	(0.02)	(3.44)
FS	-0.003	0.013
	(-0.88)	(0.99)
BDS	0.003	0.044*
	(1.54)	(1.82)
IND	0.011***	0.030**
	(2.62)	(2.39)
CIP	0.084***	0.040**
	(10.14)	(2.31)
SOE	0.002	-0.012**
	(1.43)	(-2.14)

续表

Independent Variables	FIN	
	高营商环境组	低营商环境组
FINBACK	-0.000	0.001
	(-0.10)	(0.13)
FARISK	-0.123***	-0.139***
	(-12.44)	(-2.92)
CONS	0.127***	0.346***
	(7.94)	(2.61)
Wald Test	4073.94***	502.31***
Hensen P 值	0.169	0.550
AR (1)	-5.23***	-5.75***
AR (2)	-0.49	-1.63
N	3005	3561
经验 P 值	0.008***	

注：(1) 括号中为 t 值；*、**、*** 分别表示 10%、5%、1% 显著性水平；

(2) "经验 P 值"用于检验组间调整系数差异的显著性，通过自体抽样（Bootstrap）3000 次得到。

6.6 稳健性检验

6.6.1 替换金融资产衡量方式

现有研究对金融资产的衡量尚未统一：彭俞超等（2018）采用交易性金融资产、买入返售金融资产、可供出售金融资产、发放贷款及垫款和持有至到期投资 5 个指标量化金融资产（$FIN1$）；张成思和张步昙（2016）、张成思和郑宁（2020）将货币资金、持有至到期投资、交易性金融资产、投资性房地产、可供出售金融资产、应收股利、应收利息7个指标定义为金融资产（FIN2）；顾雷雷等（2020）将交易性金融资产、衍生金融资产、其他应收款、买入返售金融资产、一年内到期的非流动资产、其他流动资产、发放贷款及垫款、可供出售金融资产、持有至到期投资、长期股权投资、投资性房地产、其他非流动资产12个资产负债表科目定义为金融资产（FIN3）。因此，本章分别用上述三种指标替换前文金融资产指标，再次检验营商环境、企业家精神对金融资产调整速度的影响。结果如表6-6至表6-8所示，研究结果并未发生实质性改变。

表6-6　营商环境、企业家精神与金融资产动态调整的回归结果

Independent Variables	FIN1					
	生产性企业家精神	非生产性企业家精神	高营商环境组	低营商环境组	高营商环境组	低营商环境组
$FIN1_{-1}$	0.995*** (103.82)	0.706*** (14.99)	1.099*** (87.40)	0.807*** (29.49)	0.729*** (25.37)	0.663*** (10.91)
$FIN1_{-1} \times RD_{-1}$	-6.352*** (-27.26)		-9.953*** (-50.47)	-2.990*** (-4.04)		
RD_{-1}	0.040** (2.34)		0.033** (2.35)	0.021 (0.76)		
$FIN1_{-1} \times GF_{-1}$		0.358** (2.10)			0.093** (2.29)	0.582** (1.97)
GF_{-1}		-0.003 (-0.48)			-0.045*** (-8.02)	-0.082 (-1.45)
LIR	0.001*** (3.39)	-0.003*** (-3.41)	0.001*** (3.53)	0.001** (2.49)	0.000 (1.63)	0.000 (0.73)
FA	-0.014*** (-6.04)	-0.024*** (-2.63)	-0.007** (-2.09)	-0.033*** (-12.77)	0.137*** (4.38)	-0.117 (-1.49)

续表

Independent Variables	FIN1					
	生产性企业家精神	非生产性企业家精神	高营商环境组	低营商环境组	高营商环境组	低营商环境组
CFLOW	0.010**	0.005	0.003	0.035***	-0.059***	-0.113***
	(2.38)	(0.52)	(1.26)	(5.16)	(-3.99)	(-2.79)
PRO	-0.038***	-0.128**	-0.045***	-0.182***	0.064***	0.006
	(-4.72)	(-2.20)	(-6.04)	(-12.90)	(2.97)	(0.09)
GROWTH	-0.002***	-0.015*	-0.001	-0.001***	0.004***	-0.003
	(-3.83)	(-1.67)	(-1.13)	(-3.98)	(2.62)	(-0.80)
SIZE	0.001**	0.005	0.001***	0.003***	-0.010***	-0.012
	(2.33)	(1.17)	(3.05)	(4.07)	(-5.85)	(-1.07)
FCOST	0.026***	0.071*	0.016***	0.111***	-0.032*	0.066
	(6.28)	(1.94)	(4.08)	(7.59)	(-1.89)	(1.44)
LEV	-0.016***	-0.103**	-0.019***	-0.041***	-0.013**	-0.025
	(-5.94)	(-2.10)	(-9.37)	(-7.42)	(-2.06)	(-0.50)
TQ	0.000	0.002**	0.001***	0.001**	0.000	0.000
	(0.64)	(2.44)	(2.67)	(2.23)	(0.82)	(0.31)
FS	-0.001	-0.062	0.003	0.008*	0.007	-0.095
	(-0.24)	(-0.76)	(0.98)	(1.85)	(0.98)	(-1.29)
BDS	0.004***	0.085***	0.009***	0.000	0.006**	-0.001
	(3.54)	(4.27)	(13.47)	(0.10)	(2.14)	(-0.13)
IND	0.010***	-0.043	0.016***	-0.065***	0.007	0.003
	(4.47)	(-0.67)	(6.31)	(-13.88)	(0.89)	(0.22)
CIP	0.009**	0.063***	0.003*	-1.611**	-0.010	0.398
	(2.22)	(3.97)	(1.77)	(-2.43)	(-1.58)	(0.18)
SOE	-0.001	-0.001	-0.001	-0.003***	-0.016***	-0.001
	(-0.91)	(-0.20)	(-0.77)	(-2.59)	(-2.77)	(-0.08)
CEOFIN	0.002	0.002	-0.001	-0.024	0.001	0.022
	(1.44)	(0.39)	(-1.37)	(-0.89)	(0.20)	(1.28)

续表

Independent Variables	FIN1					
	生产性企业家精神	非生产性企业家精神	高营商环境组	低营商环境组	高营商环境组	低营商环境组
FARISK	-0.021***	-0.073**	-0.043***	-0.015**	-0.183***	0.024
	(-4.54)	(-2.49)	(-24.97)	(-2.32)	(-8.86)	(1.00)
CONS	-0.003	-0.162**	-0.012	0.006	0.313***	0.334
	(-0.26)	(-2.11)	(-1.23)	(0.34)	(8.00)	(1.30)
Wald Test	230349.01***	922.96***	2.31e+06***	474307.55***	2395.02***	616.94***
Hensen P 值	0.243	0.329	0.200	0.475	0.283	0.448
AR (1)	-5.91***	-7.75***	-3.72***	-4.71***	-4.87***	-5.80***
AR (2)	1.63	1.64	0.76	1.52	0.93	0.90
N	4629	5802	2198	2431	2678	3124
经验 P 值	—		0.072*		0.011**	

注：(1) 括号中为 t 值；*、**、*** 分别表示 10%、5%、1% 显著性水平；
(2) "经验 P 值"用于检验组间调整系数差异的显著性，通过自体抽样（Bootstrap）3000 次得到。

表 6-7 营商环境、企业家精神与金融资产动态调整的回归结果

Independent Variables	FIN2					
	生产性企业家精神	非生产性企业家精神	高营商环境组	低营商环境组	高营商环境组	低营商环境组
$FIN2_{-1}$	0.759***	0.862***	0.658***	0.550***	0.580***	0.484***
	(6.80)	(9.06)	(6.74)	(7.29)	(12.26)	(5.68)
$FIN2_{-1} \times RD_{-1}$	-2.379**		-2.243***	-1.770*		
	(-2.24)		(-2.62)	(-1.66)		
RD_{-1}	0.565*		1.059**	0.272		
	(1.85)		(2.37)	(0.83)		
$FIN2_{-1} \times GF_{-1}$		0.560**			0.032	0.527*
		(2.04)			(0.46)	(1.78)

续表

Independent Variables	FIN2					
	生产性企业家精神	非生产性企业家精神	高营商环境组	低营商环境组	高营商环境组	低营商环境组
GF_{-1}		−0.121*			0.016	−0.057
		(−1.75)			(0.85)	(−0.53)
LIR	−0.003	0.001	−0.001	−0.007***	0.000	−0.004**
	(−1.38)	(0.89)	(−0.29)	(−3.01)	(0.20)	(−2.28)
FA	−0.460**	−0.248***	−0.825***	−0.233***	−0.320***	−0.204***
	(−2.29)	(−6.72)	(−4.17)	(−8.01)	(−9.25)	(−5.04)
CFLOW	0.455***	1.090***	0.415*	0.375***	0.495***	0.445***
	(4.94)	(6.55)	(1.79)	(4.77)	(12.66)	(11.29)
PRO	0.186	−0.536***	0.201	0.367	0.102	−0.138***
	(0.68)	(−5.79)	(0.69)	(1.32)	(1.06)	(−2.64)
GROWTH	−0.014*	0.000	−0.043***	−0.007*	−0.010**	0.001
	(−1.79)	(0.11)	(−3.74)	(−1.90)	(−1.99)	(0.14)
SIZE	0.004	0.011**	−0.039***	−0.014*	−0.025***	0.023
	(0.68)	(2.52)	(−2.81)	(−1.91)	(−3.34)	(1.30)
FCOST	−0.127**	0.635***	−0.358***	−0.264***	−0.171*	−0.141**
	(−2.44)	(3.12)	(−3.58)	(−4.56)	(−1.79)	(−2.29)
LEV	0.051	−0.074**	0.610***	0.082	0.363***	−0.038
	(1.17)	(−2.28)	(3.72)	(0.99)	(4.26)	(−1.43)
TQ	0.009*	−0.001	0.006	0.009**	0.001	0.007***
	(1.93)	(−0.34)	(0.79)	(2.36)	(0.75)	(3.18)
FS	−0.032	−0.022	0.684***	−0.035	0.107***	0.096**
	(−0.65)	(−0.37)	(2.67)	(−0.78)	(3.30)	(2.54)
BDS	0.017	−0.037	−0.123*	−0.027*	0.018*	0.039***
	(1.45)	(−0.66)	(−1.76)	(−1.76)	(1.89)	(2.72)
IND	0.273*	0.357	−0.099	0.050	−0.061**	−0.105***
	(1.73)	(1.64)	(−1.38)	(0.36)	(−2.17)	(−3.24)

续表

Independent Variables	FIN2					
	生产性企业家精神	非生产性企业家精神	高营商环境组	低营商环境组	高营商环境组	低营商环境组
CIP	0.001 (0.02)	-0.001 (-0.05)	0.074*** (3.44)	0.042** (2.57)	0.050*** (4.74)	0.037*** (2.96)
SOE	0.037*** (3.66)	0.016 (0.44)	0.140* (1.83)	0.154*** (3.04)	-0.006 (-0.74)	-0.034 (-0.57)
CEOFIN	0.171 (1.13)	-0.016 (-1.43)	-0.104 (-0.92)	0.002 (0.18)	-0.002 (-0.18)	-0.015 (-1.39)
FARISK	-0.081* (-1.93)	0.006 (0.23)	-0.280*** (-3.12)	0.048 (0.43)	-0.148*** (-3.09)	-0.044* (-1.65)
CONS	-0.083 (-0.49)	-0.226* (-1.73)	1.144*** (3.08)	0.360* (1.92)	0.597*** (3.56)	-0.402 (-0.98)
Wald Test	1707.88***	1893.23***	799.72***	2113.67***	1606.73***	1588.19***
Hensen P 值	0.507	0.300	0.349	0.228	0.263	0.177
AR（1）	-6.39***	-7.30***	-5.64***	-6.95***	-7.64***	-6.97***
AR（2）	-0.57	0.52	-1.06	-0.60	-0.30	0.26
N	3728	4413	1712	2016	2007	2406
经验 P 值	—	—	0.030**		0.008***	

注：（1）括号中为 t 值；*、**、*** 分别表示 10%、5%、1% 显著性水平；

（2）"经验 P 值"用于检验组间调整系数差异的显著性，通过自体抽样（Bootstrap）3000 次得到。

表6-8 营商环境、企业家精神与金融资产动态调整的回归结果

Independent Variables	FIN3					
	生产性企业家精神	非生产性企业家精神	高营商环境组	低营商环境组	高营商环境组	低营商环境组
$FIN3_{-1}$	0.685*** (19.24)	0.679*** (10.56)	0.828*** (34.15)	0.642*** (8.44)	0.707*** (13.93)	0.660*** (11.31)

续表

Independent Variables	FIN3					
	生产性企业家精神	非生产性企业家精神	高营商环境组	低营商环境组	高营商环境组	低营商环境组
$FIN3_{-1} \times RD_{-1}$	-1.030*** (-2.63)		-2.194*** (-6.16)	-0.744 (-0.70)		
RD_{-1}	0.067 (0.59)		0.464*** (2.58)	0.081 (0.38)		
$FIN3_{-1} \times GF_{-1}$		0.270* (1.78)			0.216** (2.41)	0.400** (2.08)
GF_{-1}		-0.121** (-2.02)			-0.107*** (-2.76)	-0.097** (-2.22)
LIR	0.004*** (5.76)	0.002*** (3.04)	0.003*** (3.07)	0.008*** (5.60)	0.002*** (2.82)	0.006** (2.04)
FA	-0.161*** (-9.69)	-0.157*** (-5.69)	-0.110*** (-7.33)	-0.196*** (-7.78)	-0.128*** (-5.16)	-0.359*** (-3.06)
$CFLOW$	0.118*** (4.21)	0.072** (2.35)	0.063** (2.22)	0.164*** (4.42)	0.034 (1.09)	0.206*** (3.89)
PRO	-0.230*** (-4.74)	-0.187*** (-2.96)	-0.082** (-1.98)	-0.300*** (-4.29)	-0.099** (-2.02)	-0.271*** (-3.51)
$GROWTH$	-0.010*** (-4.01)	-0.008*** (-3.11)	-0.011*** (-3.32)	-0.010*** (-4.31)	-0.010*** (-2.97)	-0.013*** (-3.78)
$SIZE$	0.013*** (7.57)	-0.002 (-0.11)	0.010*** (4.50)	0.012*** (5.32)	-0.009 (-1.38)	-0.014 (-0.81)
$FCOST$	0.073*** (3.22)	0.057* (1.75)	0.043* (1.73)	0.097*** (3.25)	0.003 (0.07)	0.159*** (3.34)
LEV	-0.123*** (-9.26)	-0.108*** (-3.27)	-0.087*** (-6.20)	-0.138*** (-7.33)	-0.083*** (-4.69)	-0.067* (-1.82)

续表

Independent Variables	FIN3					
	生产性企业家精神	非生产性企业家精神	高营商环境组	低营商环境组	高营商环境组	低营商环境组
TQ	0.004*** (3.03)	0.002 (0.77)	0.001 (0.90)	0.001 (0.48)	0.002 (0.76)	-0.002 (-0.62)
FS	-0.119*** (-8.13)	-0.129*** (-3.92)	-0.126*** (-8.92)	-0.119*** (-6.26)	-0.086 (-0.99)	-0.082** (-2.41)
BDS	0.029*** (4.79)	0.010 (0.25)	0.037*** (4.71)	0.017** (2.17)	0.046** (1.96)	0.046*** (4.53)
IND	0.175*** (9.12)	0.357** (2.49)	0.161*** (8.52)	0.169*** (6.78)	0.191* (1.89)	0.328*** (3.30)
CIP	0.041*** (6.80)	0.001 (0.02)	0.042*** (5.70)	0.042*** (5.48)	0.042*** (3.53)	0.017* (1.90)
SOE	0.010*** (2.64)	0.006 (0.56)	0.007 (1.58)	0.014*** (2.67)	-0.003 (-0.39)	0.019*** (2.85)
CEOFIN	-0.004 (-0.65)	-0.003 (-0.07)	-0.010** (-2.07)	0.010 (0.92)	-0.013 (-1.60)	-0.005 (-0.42)
FARISK	0.000 (0.03)	0.088 (1.10)	-0.001 (-0.05)	0.032 (1.60)	-0.041 (-1.18)	-0.012 (-0.18)
CONS	-0.237*** (-6.24)	0.012 (0.04)	-0.231*** (-4.36)	-0.201*** (-4.25)	0.200 (1.29)	0.292 (0.70)
Wald Test	4526.63***	2920.28***	13856.06***	3199.59***	2584.68***	1666.06***
Hensen P 值	0.271	0.836	0.606	0.280	0.697	0.679
AR (1)	-7.47***	-6.83***	-4.90***	-4.55***	-4.85***	-5.15***
AR (2)	-0.68	0.79	-0.38	0.23	0.40	-0.16
N	2717	3297	1261	1456	1550	1747
经验 P 值	—	—	0.049**		0.008***	

注：(1) 括号中为 t 值；*、**、*** 分别表示 10%、5%、1% 显著性水平；

(2) "经验 P 值"用于检验组间调整系数差异的显著性，通过自体抽样（Bootstrap）3000 次得到。

6.6.2 替换企业家精神衡量方式

首先,将生产性企业家精神从 RD 调整为企业研发投入加 1 取对数、企业研发投入除以期末总资产、无形资产/总资产。其次,将非生产性企业家精神从超额管理费用调整为政企关联水平。这一替换的逻辑是:一方面,政治关联水平越高,政治资源竞争能力越强;另一方面,企业可以借助与政府部门建立长期稳定的关系(如通过寻租、腐败行为)以获得政治资源,即企业通过政治关联获得政治资源的能力越强,其资源竞争意愿就越强。关联水平和超额管理费用均可以视为政治关系亲密度的正向指标。因此,二者在一定程度上等价。最后,用新替换的指标再次验证 H6-2。

表 6-9 第一列为生产性企业家精神(企业研发投入加 1 取对数)对金融资产调整速度的影响,$FIN_{it-1} \times RD_{it-1}$ 的系数在 1% 水平上显著为负,表明生产性企业家精神越强,金融资产调整速度越快;同理,当生产性企业家精神用企业研发投入除以期末总资产、无形资产除以期末总资产表示时,$FIN_{it-1} \times RD_{it-1}$ 的系数均显著为负,再次表明 H6-2a 成立。第四列为非生产性企业家精神(政治关联)对金融资产调整速度的影响,$FIN_{it-1} \times GF_{it-1}$ 的系数在 5% 水平上显著为正,表明非生产性企业家精神越强,金融资产调整速度越慢,H6-2b 成立。

表 6-9 替换企业家精神的回归结果

Independent Variables	生产性企业家精神(企业研发投入加 1 取对数)与金融资产	生产性企业家精神(企业研发投入/期末总资产)与金融资产	生产性企业家精神(无形资产/总资产)与金融资产	非生产性企业家精神(政治关联)与金融资产
FIN_{-1}	1.481*** (5.78)	0.657*** (8.06)	0.937*** (18.78)	0.710*** (18.27)

续表

Independent Variables	生产性企业家精神（企业研发投入加1取对数）与金融资产	生产性企业家精神（企业研发投入/期末总资产）与金融资产	生产性企业家精神（无形资产/总资产）与金融资产	非生产性企业家精神（政治关联）与金融资产
$FIN_{-1} \times RD_{-1}$	-0.040*** (-2.83)	-6.493** (-2.21)	-5.345*** (-5.49)	
RD_{-1}	0.000 (1.20)	-0.427*** (-3.60)	0.059*** (2.97)	
$FIN_{-1} \times GF_{-1}$				0.059** (2.17)
GF_{-1}				0.002* (1.73)
LIR	0.000 (0.14)	0.002*** (4.57)	0.000 (0.78)	0.000 (1.59)
FA	-0.010*** (-2.64)	-0.385*** (-7.42)	-0.031 (-0.59)	-0.028*** (-3.04)
$CFLOW$	0.006 (1.04)	0.165*** (7.42)	0.020 (0.99)	0.057** (2.32)
PRO	-0.044*** (-3.95)	-0.189*** (-5.31)	-0.045 (-1.64)	-0.233** (-2.51)
$GROWTH$	-0.001 (-1.28)	-0.014*** (-6.62)	-0.001 (-0.73)	-0.001 (-1.48)
$SIZE$	0.001 (1.54)	0.002 (1.01)	-0.000 (-0.43)	0.001 (1.21)
$FCOST$	0.016*** (3.64)	0.119*** (4.88)	0.020 (1.08)	0.014** (2.36)
LEV	-0.010*** (-2.61)	-0.005 (-0.47)	-0.006 (-1.45)	-0.030** (-2.39)

续表

Independent Variables	生产性企业家精神（企业研发投入加1取对数）与金融资产	生产性企业家精神（企业研发投入/期末总资产）与金融资产	生产性企业家精神（无形资产/总资产）与金融资产	非生产性企业家精神（政治关联）与金融资产
TQ	0.001**	-0.000	0.000	0.001**
	(2.13)	(-0.13)	(0.97)	(2.27)
FS	0.004	-0.082*	0.003	0.005
	(0.82)	(-1.71)	(0.83)	(0.78)
BDS	0.005	0.005	0.003*	0.001
	(1.31)	(1.18)	(1.94)	(0.27)
IND	0.006	0.015	0.011**	0.073
	(0.85)	(1.46)	(2.51)	(1.22)
CIP	0.030***	0.019	0.037***	0.052***
	(2.75)	(0.99)	(3.51)	(3.51)
SOE	-0.009	0.010***	-0.001	0.006
	(-0.84)	(2.61)	(-0.66)	(0.42)
FINBACK	0.003	-0.006	0.002	-0.015
	(1.43)	(-1.24)	(0.86)	(-0.64)
FARISK	-0.016	0.072***	-0.085***	-0.102***
	(-1.54)	(2.83)	(-3.13)	(-2.91)
CONS	-0.026	0.020	0.073**	0.043
	(-0.89)	(0.37)	(2.04)	(0.89)
Wald Test	8485.56***	1992.98***	2110.17***	1903.51***
Hensen P 值	0.105	0.168	0.459	0.535
AR（1）	-6.52***	-7.35***	-6.90***	-7.47***
AR（2）	0.39	-0.74	1.53	1.56
N	5190	5155	6975	6975

注：括号中为 t 值；*、**、*** 分别表示 10%、5%、1% 显著性水平。

6.6.3 对 H6-2a 的稳健性检验

企业家在现实中的相机抉择是：如果市场上缺少实体投资机会，其有可能会转移一部分投资到金融、房地产等高收益领域。相反，如果市场上有好的实体投资机会，企业家利用金融资产进行预防和套利的动机较弱，因此会更加倾向于坚守主业并推动创新活动。因此，本章按投资机会对企业进行分组，以检验 H6-2a 是否存在差异性。

此外，生产性企业家精神越高，企业家越会坚守主业，从而降低利用金融资产进行预防和套利的动机，降低金融资产超配，加速收敛速度。而从研发投资平滑的视角来看，因为创新投资调整成本更高，所以企业有可能会利用流动性更强的金融资产平滑创新投资。即研发投资的提高是平滑效应导致的结果，即平滑效应会导致金融资产的萎缩、并加速其收敛速度。为避免全样本下的正相关关系是源于平滑效应，而非源于企业家精神上升对预防性和投机性动机的弱化，本章剔除研发投资调整成本较高的企业样本，单独对剩余样本进行交叉项系数检验。

基于以上分析，参考周中胜等（2016）、邢斌和徐龙炳（2015）的做法，将托宾Q按照中位数进行分组，将样本分为高投资机会组和低投资机会组，结果如表6-10所示。由第（1）列、第（2）列可知，相较于低投资机会组，高投资机会组生产性企业家精神对金融资产动态调整具有显著的收敛加速效应（-7.192VS -4.423），且通过组间差异性检验。第（3）列为剔除研发投资调整成本较高的企业样本，由于调整成本随着研发投入的增加而增大（李华，2018），因此本章按研发投入中位数分组，剔除了调整成本高（研发投入多）的样本，并对剩余样本进行回归。结果显示 $FIN_{it-1} \times RD_{it-1}$ 的系数在1%水平上显著为负，说明随着生产性企业家精神的提高，企业会降低金融资产超配，加速金融资产向目标值收敛。综上所述,再次验证了 H6－2a。

表 6－10　　检验 H6－2a 的回归结果

Independent Variables	高投资机会组	低投资机会组	剔除研发投资调整成本较高的企业样本
FIN_{-1}	0.910***	0.862***	0.878***
	(13.31)	(18.27)	(43.29)
$FIN_{-1} \times RD_{-1}$	－7.192***	－4.423***	－6.696***
	(－5.58)	(－4.49)	(－8.31)
RD_{-1}	－0.106**	0.083*	0.118**
	(－2.12)	(1.65)	(2.14)
LIR	－0.003***	0.001***	0.000
	(－3.09)	(2.76)	(1.42)
FA	－0.306***	－0.015*	－0.008
	(－6.43)	(－1.74)	(－0.94)
$CFLOW$	0.095***	0.022**	－0.069***
	(4.50)	(2.07)	(－5.42)
PRO	－0.212***	0.080**	0.300***
	(－7.67)	(2.33)	(5.83)
$GROWTH$	－0.010***	0.001	－0.003***
	(－5.96)	(0.14)	(－2.59)
$SIZE$	－0.003	－0.029***	－0.002***
	(－1.38)	(－4.86)	(－2.59)
$FCOST$	0.149***	0.183***	0.180***
	(3.89)	(3.37)	(2.99)
LEV	－0.023**	0.054***	0.003
	(－2.41)	(2.71)	(0.28)
TQ	0.008***	0.009***	－0.001
	(5.06)	(3.46)	(－0.88)

续表

Independent Variables	高投资机会组	低投资机会组	剔除研发投资调整成本较高的企业样本
FS	0.005	0.029***	-0.009
	(0.60)	(3.28)	(-1.47)
BDS	0.012***	0.014***	0.001
	(3.66)	(3.55)	(0.40)
IND	0.002	-0.097***	0.012**
	(0.18)	(-4.67)	(2.01)
CIP	0.020	0.052***	-0.112**
	(0.98)	(4.14)	(-2.24)
SOE	-0.004	0.007*	0.003
	(-1.57)	(1.94)	(1.59)
FINBACK	-0.001	0.013**	0.016***
	(-0.31)	(2.42)	(3.28)
FARISK	-0.025*	-0.195***	-0.021**
	(-1.95)	(-4.75)	(-2.41)
CONS	0.136**	0.751***	0.060***
	(2.54)	(5.33)	(2.90)
Wald Test	13663.02***	3303.22***	54435.34***
Hensen P 值	0.420	0.316	0.255
AR (1)	-5.00***	-4.12***	-4.47***
AR (2)	0.11	-0.40	0.13
N	2739	2451	2234
经验 P 值	0.085*		—

注：(1) 括号中为 t 值；*、**、*** 分别表示 10%、5%、1% 显著性水平；

(2) "经验 P 值"用于检验组间调整系数差异的显著性，通过自体抽样（Bootstrap）3000 次得到。

6.6.4 对 H6-2b 的稳健性检验

H6-2b 成立的关键是挤出效应,即非生产性企业家精神会挤出生产性企业家精神配置,降低企业家寻求创新、谋求产品市场竞争地位的意愿。规模较小、竞争程度较高以及声誉低的企业因难以取得竞争优势,会更加依赖创新活动以提高自身竞争力,保持甚至扩大市场份额,避免被市场淘汰(孙维峰和黄祖辉,2013;张济建等,2017;李顺彬,2020;王睿智等,2017)。然而,由于研发活动具有不确定性、收益滞后性、外溢性等特征(Holmstrom,1989;解维敏和魏化倩,2016),加上这类企业往往面临较大的融资约束(Beck et al.,2005;郭丽虹和徐晓萍;2012;孙烨和许艳;2016;叶康涛等,2010),很难从外部获得资金支持以满足创新投资的需要。因此,当非生产性活动能够给企业带来超额收益时,会导致企业不愿将宝贵的资源投入正常的生产性活动,而是转向以套利为主导的非生产性活动,并以此谋求快速发展。与此同时,由于通过套利活动比通过创新活动获得资源优势更加便捷,因此,对企业家而言无疑会更具吸引力,从而降低企业家寻求创新、谋求产品市场竞争地位的意愿。因此,当配置到非生产性企业家精神越强时,规模较小、产品竞争程度较高以及声誉较低的企业的非生产性企业家精神对金融资产反哺的抑制作用更强。

基于以上分析,本章从企业规模、产品市场竞争度、声誉三个方面再次检验假设 H6-2b 的合理性,结果如表 6-11 所示。首先,对样本数据按企业规模中位数进行分组,由第(1)列、第(2)列可知,相较于大规模企业,小规模企业其非生产性企业家精神对金融资产的反哺速度的抑制作用更强(0.056VS0.645)。其次,参考彭俞超等(2018)对行业竞争度的做法,按照销售额计算赫芬达指数,将赫芬达指数低于中位数的行业的企业划分为竞争激烈的企业,高于中位数的行业的企业划分为竞争程度较弱的企业。由第(3)列、第（4）列可知，产品市场竞争程度较强的企业其非生产性企业家精神对金融资产反哺速度的抑制作用相对更强（0.052VS0.764）。最后，参照周丽萍等（2016）的做法，用无形资产净额占资产总计的比例来衡量企业的声誉，并按其中位数进行分组回归。由第（5）列、第（6）列可知，相比于声誉高的企业，声誉低的企业其非生产性企业家精神对金融资产反哺速度的抑制作用更弱（0.350VS1.381）。此外，经由 Bootsrap 法得到的经验 P 值均通过了显著性检验，再次表明 H6 - 2b 结论并未发生实质性变化。

表 6 - 11　　　　　检验 H6 - 2b 的回归结果

Independent Variables	大规模	小规模	市场竞争弱	市场竞争强	声誉高	声誉低
FIN_{-1}	0.693***	0.575***	0.729***	0.614***	0.663***	0.614***
	(31.41)	(13.19)	(20.25)	(9.52)	(11.45)	(8.66)
$FIN_{-1} \times GF_{-1}$	0.056	0.645***	0.052	0.764*	0.350	1.381***
	(1.22)	(3.09)	(0.48)	(1.94)	(0.91)	(3.66)
GF_{-1}	-0.001	-0.049***	0.000	-0.091*	-0.009	-0.144***
	(-0.48)	(-2.89)	(0.09)	(-1.95)	(-1.32)	(-3.66)
LIR	0.000	-0.000	-0.000	0.000	-0.001	0.001**
	(0.27)	(-0.22)	(-0.49)	(0.09)	(-1.11)	(2.55)
FA	-0.009***	-0.160***	-0.048***	-0.073***	-0.036***	-0.053**
	(-3.34)	(-3.23)	(-4.02)	(-2.87)	(-2.92)	(-2.49)
$CFLOW$	0.020***	-0.159***	0.089***	0.118**	0.005	-0.006
	(3.72)	(-4.49)	(3.39)	(1.98)	(0.51)	(-0.38)
PRO	-0.034***	0.045	-0.334***	-0.497**	-0.019	-0.007
	(-3.16)	(1.30)	(-2.92)	(-2.02)	(-0.88)	(-0.24)
$GROWTH$	0.000	-0.007***	-0.001	0.004	0.000	0.002
	(0.12)	(-4.01)	(-1.08)	(1.38)	(0.37)	(0.79)

续表

Independent Variables	大规模	小规模	市场竞争弱	市场竞争强	声誉高	声誉低
SIZE	-0.000 (-0.26)	-0.008** (-2.30)	0.004** (2.19)	-0.011 (-1.42)	-0.001 (-0.38)	-0.030*** (-3.19)
FCOST	0.014 (1.15)	-0.071 (-1.11)	0.025** (2.15)	0.319** (2.53)	0.338** (2.33)	0.139 (0.85)
LEV	-0.011*** (-3.10)	0.016 (1.01)	-0.038*** (-3.06)	-0.112*** (-2.67)	-0.040** (-2.44)	-0.042 (-1.52)
TQ	0.000 (0.93)	0.001 (0.88)	0.002** (2.08)	0.003* (1.77)	0.004 (1.22)	-0.003** (-2.45)
FS	0.001 (0.31)	-0.120** (-2.02)	0.011* (1.70)	0.007 (0.72)	0.016** (2.25)	0.004 (0.30)
BDS	0.002 (1.53)	0.001 (0.28)	-0.001 (-0.37)	0.002 (0.64)	0.000 (0.18)	0.042 (1.50)
IND	0.012*** (3.22)	0.002 (0.22)	-0.001 (-0.12)	0.000 (0.04)	0.005 (0.78)	0.033** (2.51)
CIP	0.062*** (12.05)	-0.106*** (-2.90)	0.084*** (6.98)	0.037* (1.75)	0.122 (1.08)	0.084*** (4.20)
SOE	-0.001 (-0.74)	0.008* (1.96)	-0.006*** (-3.02)	-0.005 (-1.53)	0.001 (0.47)	-0.014** (-2.42)
FINBACK	0.006 (0.49)	0.100*** (5.02)	-0.107*** (-2.90)	0.012** (2.23)	-0.046* (-1.89)	-0.064 (-1.55)
FARISK	-0.051*** (-4.10)	-0.136*** (-6.94)	-0.180*** (-3.82)	0.026 (0.45)	-0.121*** (-3.53)	-0.079 (-1.44)
CONS	0.046** (2.23)	0.360*** (3.94)	0.097* (1.93)	0.305 (1.55)	0.129* (1.88)	0.661*** (3.00)
Wald Test	17075.35***	1218.90***	3412.41***	716.71***	2050.44***	509.03***
Hensen P 值	0.265	0.328	0.192	0.697	0.221	0.552
AR (1)	-5.56***	-4.43***	-5.95***	-4.58***	-4.83***	-4.10***

续表

Independent Variables	大规模	小规模	市场竞争弱	市场竞争强	声誉高	声誉低
AR（2）	0.77	1.16	0.77	-0.26	0.68	1.50
N	3552	3014	2373	2404	3322	3222
经验 P 值	0.013**		0.015**		0.020**	

注：(1) 括号中为 t 值；*、**、*** 分别表示 10%、5%、1% 显著性水平；

(2) "经验 P 值"用于检验组间调整系数差异的显著性，通过自体抽样（Bootstrap）3000 次得到。

6.6.5 静态检验

为了进一步检验营商环境在企业家精神与金融资产超配水平之间发挥的作用，本章首先采用粤港澳大湾区研究院发布的《2017中国城市营商环境评价报告》中的营商环境指数代替前文的衡量指数。其次，参照林涛和魏下海（2020）的做法，用省会城市营商环境指数作为该省营商环境指数，并用2017年营商环境指数替代其余年份的营商环境指数，采用虚拟变量进行衡量，按营商环境中位数进行分组，大于中位数为高营商环境，取值为1，否则为0。

从静态上看：一方面，如果生产性企业家精神有助于提高收敛速度，生产性精神对超配水平（e）应存在弱化作用，且营商环境应加强生产性企业家精神对金融资产超配水平的弱化作用；另一方面，非生产性企业家精神对超配水平（e）应存在激励作用，且营商环境应弱化非生产性企业家精神的激励作用。

为了验证其合理性，在模型（6-2）、模型（6-3）、模型（6-4）计算出残差的基础上，进一步将残差大于0作为被解释变量，检验企业家精神对金融资产超配水平的影响。为了检验企业家精神（RD/GF）对超配水平（e）的影响，在此基础构建模型（6-7）：

$$e_{it} = \beta_0 + \beta_1 RD_{it}(GF_{it}) + \beta_2 LIR_{it} + \beta_3 FA_{it} + \beta_4 CFLOW_{it} +$$

$\beta_5 PRO_{it} + \beta_6 GROWTH_{it} + \beta_7 SIZE_{it} + \beta_8 FCOST_{it} + \beta_9 LEV_{it} + \beta_{10} TQ_{it} + \beta_{11} FS_{it} + \beta_{12} BDS_{it} + \beta_{13} IND_{it} + \beta_{14} CIP_{it} + \beta_{15} SOE_{it} + \beta_{16} CEOFIN_{it} + \beta_{17} FARISK_{it} + \mu_i + \varepsilon_{it}$ (6-7)

此外,为了检验营商环境与企业家精神对金融资产超配水平的协同影响,在模型(6-7)的基础上加入营商环境(YS)、营商环境与企业家精神交乘项(YS×RD/YS×GF),以进一步检验营商环境(YS)与企业家精神(RD/GF)这一交叉项对超配水平(e)的影响,构建模型(6-8):

$e_{it} = \beta_0 + \beta_1 RD_{it}(GF_{it}) + \beta_2 YS_{it} \times RD_{it}(GF_{it}) + \beta_3 YS_{it} + \beta_4 LIR_{it} + \beta_5 FA_{it} + \beta_6 CFLOW_{it} + \beta_7 PRO_{it} + \beta_8 GROWTH_{it} + \beta_9 SIZE_{it} + \beta_{10} FCOST_{it} + \beta_{11} LEV_{it} + \beta_{12} TQ_{it} + \beta_{13} FS_{it} + \beta_{14} BDS_{it} + \beta_{15} IND_{it} + \beta_{16} CIP_{it} + \beta_{17} SOE_{it} + \beta_{18} CEOFIN_{it} + \beta_{19} FARISK_{it} + \mu_i + \varepsilon_{it}$ (6-8)

为了验证上文结论,本章对模型(6-7)、模型(6-8)采用OLS进行回归,结果如表6-12所示。第(1)列RD与超配水平(e)的系数在1%水平上显著为负,说明生产性企业家精神对超配水平(e)存在弱化作用;第(2)列YS×RD与超配水平(e)的回归系数在1%水平上显著为负,说明营商环境加强了生产性企业家精神对金融资产超配水平的弱化作用;第(3)列GF与超配水平(e)的系数在5%水平上显著为正,说明非生产性企业家精神对超配水平(e)存在激励作用;第(4)列YS×GF与超配水平(e)的回归系数在1%水平上显著为负,说明营商环境弱化了非生产性企业家精神对金融资产超配水平的激励作用,结果符合预期。

表6-12　　　　　　　　静态检验回归结果

Independent Variables	残差(生产性)	残差(生产性)	残差(非生产性)	残差(非生产性)
RD	-0.082*** (-5.94)	-0.034* (-1.76)		

续表

Independent Variables	残差 （生产性）	残差 （生产性）	残差 （非生产性）	残差 （非生产性）
GF			0.003** (2.11)	0.007*** (3.37)
YS		0.009*** (6.26)		0.005*** (5.21)
YS × RD		-0.098*** (-3.79)		
YS × GF				-0.007*** (-3.12)
LIR	-0.002*** (-3.61)	-0.002*** (-3.64)	-0.002*** (-4.84)	-0.002*** (-4.88)
FA	-0.041*** (-10.14)	-0.039*** (-9.60)	-0.040*** (-10.72)	-0.037*** (-9.83)
CFLOW	-0.026*** (-2.89)	-0.029*** (-3.15)	-0.036*** (-4.30)	-0.038*** (-4.51)
PRO	0.712*** (55.45)	0.710*** (55.45)	0.710*** (59.75)	0.710*** (59.84)
GROWTH	-0.004*** (-4.76)	-0.004*** (-4.61)	-0.004*** (-4.61)	-0.004*** (-4.47)
SIZE	-0.020*** (-33.68)	-0.020*** (-33.71)	-0.019*** (-28.28)	-0.019*** (-28.22)
FCOST	-0.093*** (-12.24)	-0.095*** (-12.43)	-0.073*** (-9.49)	-0.073*** (-9.52)
LEV	0.089*** (23.43)	0.089*** (23.47)	0.083*** (24.04)	0.083*** (24.03)
TQ	-0.011*** (-22.92)	-0.011*** (-22.88)	-0.011*** (-25.51)	-0.011*** (-25.53)
FS	0.005 (1.46)	0.004 (1.21)	0.004 (1.22)	0.003 (0.92)

续表

Independent Variables	残差 (生产性)	残差 (生产性)	残差 (非生产性)	残差 (非生产性)
BDS	-0.058*** (-27.40)	-0.057*** (-27.37)	-0.062*** (-31.34)	-0.062*** (-31.45)
IND	0.103*** (18.58)	0.103*** (18.57)	0.100*** (19.21)	0.100*** (19.29)
CIP	-0.212*** (-27.01)	-0.213*** (-27.16)	-0.215*** (-27.39)	-0.216*** (-27.53)
SOE	-0.072*** (-63.18)	-0.071*** (-61.91)	-0.069*** (-66.71)	-0.069*** (-65.34)
FINBACK	0.073*** (22.85)	0.072*** (22.63)	0.075*** (23.96)	0.074*** (23.59)
FARISK	0.015** (2.08)	0.016** (2.24)	0.034*** (4.64)	0.036*** (5.00)
CONS	0.702*** (47.13)	0.695*** (46.70)	0.691*** (40.70)	0.685*** (40.36)
Adj. R^2	0.732	0.733	0.705	0.706
F	1090.008***	982.879***	1166.730***	1050.265***
N	6786	6786	8301	8301

注:括号中为 t 值;*、**、*** 分别表示 10%、5%、1% 显著性水平。

6.7 进一步分析

6.7.1 对替代性解释的思考

企业家精神的强弱不仅会受到营商环境的影响,还会受到其他因素的影响。当企业家精神发生变化时,这种变化背后的动因有可能不仅是源于营商环境的改变，还有可能会是诸如经济/政策不确定性的下降而导致的预防性动机下降。由于其他外部环境对企业家精神的冲击作用会与营商环境对企业家精神的冲击作用同时存在，因此，在评估营商环境是否促进了生产性企业家精神对金融资产超配的治理效应时，必须控制其他环境通过影响企业家精神而对金融资产超配的治理效应产生的影响。

为了验证这一假设的合理性，在模型（6-8）的基础上进一步加入经济政策不确定性（EPU）、经济政策不确定性与企业家精神的交乘项（$EPU \times RD/EPU \times GF$），并构建模型（6-9），从而在控制经济政策不确定性对企业家精神影响的同时，更为干净的观察营商环境自身对不同类型企业家精神的协同作用。

$$e_{it} = \beta_0 + \beta_1 RD_{it}(GF_{it}) + \beta_2 YS_{it} \times RD_{it}(GF_{it}) + \beta_3 YS_{it} + \beta_4 EPU_{it} \times RD_{it}(GF_{it}) + \beta_5 EPU_{it} + \beta_6 LIR_{it} + \beta_7 FA_{it} + \beta_8 CFLOW_{it} + \beta_9 PRO_{it} + \beta_{10} GROWTH_{it} + \beta_{11} SIZE_{it} + \beta_{12} FCOST_{it} + \beta_{13} LEV_{it} + \beta_{14} TQ_{it} + \beta_{15} FS_{it} + \beta_{16} BDS_{it} + \beta_{17} IND_{it} + \beta_{18} CIP_{it} + \beta_{19} SOE_{it} + \beta_{20} CEOFIN_{it} + \beta_{21} FARISK_{it} + \mu_i + \varepsilon_{it} \qquad (6-9)$$

通过对模型（6-9）进行 OLS 回归分析，结果如表 6-13 所示。第（1）列为加入经济政策不确定性（EPU）、经济政策不确定性与生产性企业家精神（$EPU \times RD$）的回归结果，其中 RD 与超配水平（e）在 1% 水平上显著为负，$YS \times RD$ 与超配水平（e）的回归系数也在 1% 水平上显著为负，说明在控制经济政策不确定性等其他因素时，营商环境仍然加强了生产性企业家精神对金融资产超配水平的弱化作用；第（2）列为加入经济政策不确定性（EPU）、经济政策不确定性与非生产性企业家精神（$EPU \times GF$）的回归结果，结果显示 GF 与超配水平（e）在 1% 水平上显著为正，但 $YS \times GF$ 与超配水平（e）的回归系数在 1% 水平上显著为负，说明在控制经济政策不确定性等其他因素时，营商环境仍然弱化了非生产性企业家精神对金融资产超配水平的激励作用。以上结

第6章 营商环境、企业家精神与企业金融资产的动态调整

果再次验证了营商环境会通过影响企业家精神而对金融资产超配产生治理效应。

表6-13　　替代性解释的回归结果

Independent Variables	残差（生产性）	残差（非生产性）
RD	-0.069*** (-2.81)	
GF		0.006*** (2.73)
YS	0.009*** (6.40)	0.005*** (5.22)
EPU	-0.001 (-0.36)	0.001 (1.25)
YS × RD	-0.103*** (-3.98)	
EPU × RD	0.059** (2.24)	
YS × GF		-0.007*** (-3.14)
EPU × GF		0.001 (0.39)
LIR	-0.001** (-2.42)	-0.002*** (-4.60)
FA	-0.039*** (-9.43)	-0.036*** (-9.63)
CFLOW	-0.028*** (-3.13)	-0.038*** (-4.51)
PRO	0.710*** (55.45)	0.710*** (59.83)
GROWTH	-0.004*** (-4.66)	-0.004*** (-4.50)

续表

Independent Variables	残差（生产性）	残差（非生产性）
SIZE	-0.020***	-0.019***
	(-33.52)	(-28.25)
FCOST	-0.096***	-0.074***
	(-12.56)	(-9.58)
LEV	0.089***	0.083***
	(23.49)	(24.06)
TQ	-0.011***	-0.011***
	(-22.54)	(-25.05)
FS	0.005	0.003
	(1.29)	(1.00)
BDS	-0.057***	-0.062***
	(-27.21)	(-31.09)
IND	0.103***	0.100***
	(18.58)	(19.32)
CIP	-0.213***	-0.216***
	(-27.18)	(-27.52)
SOE	-0.071***	-0.069***
	(-61.79)	(-65.18)
FINBACK	0.072***	0.074***
	(22.60)	(23.51)
FARISK	0.018**	0.039***
	(2.52)	(5.14)
CONS	0.693***	0.681***
	(46.16)	(39.40)
Adj. R^2	0.734	0.706
F	890.287***	950.282***
N	6786	8301

注：括号中为 t 值；**、*** 分别表示5%、1%显著性水平。

6.7.2 营商环境子环境与企业家精神对金融资产调整速度的影响差异

本部分主要检验构成营商环境的子环境（诚信环境、法治环境、市场环境）哪个对生产性企业家精神与金融资产的收敛加速效应更具有激励作用，哪个子环境对非生产性企业家精神与金融资产的收敛减速效应更具有缓解作用。因此，本章使用子环境指标基于动态模型对 H6-3a 和 H6-3b 再次进行检验。

为进一步验证 H6-3a，参照武晓芬等（2018）的做法，本书采用《中国地区金融生态环境评价 2009—2010》（刘煜辉，2011）中的制度信用数据作为 2008—2012 年的诚信环境指数，《中国地区金融生态环境评价 2013—2014》（王国刚，2015）中的制度信用数据作为 2013—2018 年的诚信环境指数（CX），并按其中位数划分为高诚信环境和低诚信环境，考虑到环境具有连续性，因此对其他年份的取值并不影响整体研究结果；对法治环境的衡量指标则参照樊纲等（2010）编制的市场化指数中的分项指数，用"市场中介组织的发育和法律制度环境指数"来衡量法治环境（Law），按其中位数划分为高法治环境和低法治环境；参照张杰等（2011）、张莉等（2019）的方法，用要素市场扭曲程度（Mar）来衡量市场环境，即 Mar =（各省份地区产品市场化进程指数 - 要素市场化进程指数）/产品市场化进程指数，其相关各省份市场化指数均来自樊纲等（2010），且要素市场扭曲程度越高，说明市场环境越差，并按其中位数进行分组，将小于中位数的视为高市场环境，取值为 1，否则为 0。结果如表 6-14 所示。

由第（1）列、第（2）列可知，相较于低诚信环境下，生产性企业家精神对金融资产收敛加速效应的激励作用在高诚信环境下更为显著（-7.114VS-3.972）；由第（3）列、第（4）列可知，相较于低法治环境下，生产性企业家精神对金融资产收敛加速效应

表6-14 营商环境子环境与生产性企业家精神对金融资产收敛加速效应的影响差异

Independent Variables	生产性企业家精神与金融资产					
	高诚信环境	低诚信环境	高法治环境	低法治环境	高市场环境	低市场环境
	(1)	(2)	(3)	(4)	(5)	(6)
FIN_{-1}	1.049***	0.905***	0.894***	0.918***	0.956***	0.638***
	(28.00)	(55.77)	(28.74)	(44.96)	(54.28)	(17.64)
$FIN_{-1} \times RD_{-1}$	-7.114***	-3.972***	-5.341***	-3.534***	-4.810***	-2.699**
	(-6.80)	(-5.59)	(-13.39)	(-6.79)	(-16.50)	(-2.32)
RD_{-1}	0.042**	0.052	0.017	0.023	0.065***	-0.430***
	(2.01)	(1.55)	(1.17)	(0.72)	(3.78)	(-3.04)
LIR	0.000	-0.000*	0.000	0.000***	0.000	-0.001***
	(0.18)	(-1.86)	(0.81)	(2.73)	(0.30)	(-2.79)
FA	-0.007	0.020***	-0.017***	-0.016***	-0.009***	-0.068***
	(-1.15)	(2.58)	(-4.81)	(-2.75)	(-3.06)	(-5.54)
$CFLOW$	0.008	-0.199***	0.018***	-0.000	0.013*	0.002
	(0.98)	(-11.97)	(3.04)	(-0.06)	(1.90)	(0.12)
PRO	-0.066***	0.120***	-0.052***	0.018*	-0.035***	0.086
	(-4.44)	(10.16)	(-4.52)	(1.71)	(-2.73)	(1.40)
$GROWTH$	-0.000	-0.003***	0.001	-0.004***	-0.001	-0.005***
	(-0.02)	(-3.22)	(0.94)	(-5.79)	(-0.87)	(-3.51)
$SIZE$	0.004***	0.001	-0.000	-0.002**	-0.001	0.007***
	(2.97)	(0.81)	(-0.57)	(-2.48)	(-1.37)	(3.88)
$FCOST$	0.006	0.011	0.009*	0.032***	0.024***	0.470***
	(0.85)	(0.97)	(1.76)	(3.95)	(4.54)	(10.88)
LEV	-0.006	-0.020***	-0.010***	-0.031***	-0.008**	-0.108***
	(-0.89)	(-3.35)	(-2.64)	(-8.00)	(-2.35)	(-11.67)
TQ	0.002***	0.000	0.001*	-0.001***	0.001*	0.003***
	(3.21)	(0.84)	(1.79)	(-3.68)	(1.76)	(2.77)

续表

Independent Variables	生产性企业家精神与金融资产					
	高诚信环境	低诚信环境	高法治环境	低法治环境	高市场环境	低市场环境
	(1)	(2)	(3)	(4)	(5)	(6)
FS	0.018***	-0.009	0.003	-0.025***	0.005	-0.294***
	(2.62)	(-1.18)	(0.87)	(-3.78)	(1.46)	(-11.12)
BDS	0.023***	-0.007***	0.004**	-0.016***	0.004**	-0.013***
	(3.68)	(-4.61)	(2.27)	(-9.42)	(2.46)	(-2.69)
IND	-0.015	0.030***	0.019***	0.048***	0.020***	0.000
	(-1.37)	(5.35)	(3.80)	(9.28)	(3.90)	(0.02)
CIP	0.026***	0.445***	0.058***	0.002	0.039***	0.008
	(3.59)	(2.83)	(6.87)	(0.46)	(5.56)	(0.52)
SOE	-0.049***	0.027***	-0.000	0.051***	-0.002	0.016***
	(-3.20)	(5.97)	(-0.25)	(9.64)	(-1.61)	(3.80)
FINBACK	0.000	-0.006	0.005*	0.015***	0.017***	0.001
	(0.14)	(-0.54)	(1.76)	(2.68)	(8.92)	(0.14)
FARISK	-0.035***	-0.010	-0.082***	0.001	-0.047***	0.054***
	(-3.36)	(-0.88)	(-10.49)	(0.22)	(-4.52)	(3.47)
CONS	-0.101**	-0.005	0.066***	0.072***	0.040**	0.002
	(-2.55)	(-0.19)	(3.78)	(3.36)	(2.34)	(0.04)
Wald Test	7988.13***	62863.48***	9514.11***	106569.67***	2.64e+07***	3618.31***
Hensen P 值	0.105	0.335	0.188	0.427	0.177	0.621
AR(1)	-5.59***	-3.97***	-4.56***	-4.31***	-4.82***	-4.05***
AR(2)	0.11	0.43	0.21	0.21	0.45	0.59
N	3410	1769	2749	2441	2767	2423
经验 P 值	$P_{13}=0.066^{*}$	$P_{12}=0.091^{*}$	$P_{35}=0.059^{*}$	$P_{34}=0.077^{*}$	$P_{15}=0.063^{*}$	$P_{56}=0.098^{*}$

注：(1) 括号中为 t 值；*、**、*** 分别表示 10%、5%、1% 显著性水平；

(2) "经验 P 值"用于检验组间调整系数差异的显著性，通过自体抽样（Bootstrap）3000 次得到。

的激励作用在高法治环境下更为显著（-5.341VS-3.534）；由第（5）列、第（6）列可知，相较于低市场环境下，生产性企业家精神对金融资产收敛加速效应的激励作用在高市场环境下更为显著（-4.810VS-2.699）。此外，经由Bootsrap法得到的经验P值均通过了显著性检验，说明在不同分组情况下生产性企业精神对金融资产的收敛加速效应具有显著差异性。

同时，为了验证哪类子环境下生产性企业家精神对金融资产的收敛加速效应更具激励作用，比较表6-14中的第（1）列、第（3）列、第（5）列的系数可知，相较于法治环境和市场环境，诚信环境下生产性企业家精神对金融资产的收敛加速效应更具激励作用（-7.114VS-5.341VS-4.810）。进一步地为了验证系数是否存在显著的差异性，本章再次对高营商环境子环境进行差异性检验，且均通过显著性检验（$P_{13}=0.066$、$P_{15}=0.063$、$P_{35}=0.059$），再次表明诚信环境下生产性企业家精神对金融的收敛加速效应更具激励作用。

为进一步验证H6-3b，再次检验不同类型的营商环境子环境下非生产性企业家精神对金融资产的收敛减速效应的差异性影响，结果如表6-15所示。由第（1）列、第（2）列可知，与低法治环境相比，非生产性企业家精神对金融资产收敛减速效应的缓解作用在高法治环境下更为显著（0.446VS0.821）；由第（3）列、第（4）列可知，与低诚信环境相比，非生产性企业家精神对金融资产收敛减速效应的缓解作用在高诚信环境下更为显著（0.603VS0.960）；由第（5）列、第（6）列可知，与低市场环境相比，非生产性企业家精神对金融资产收敛减速效应的缓解作用在高市场环境下更为显著（0.724VS1.274）。此外，经由Bootsrap法得到的经验P值均通过了显著性检验，说明不同分组情况下非生产性企业精神对金融资产的收敛减速效应具有显著差异性。

第6章 营商环境、企业家精神与企业金融资产的动态调整

表6-15 营商环境子环境与非生产性企业家精神对金融资产收敛减速效应的影响差异

Independent Variables	非生产性企业家精神与金融资产					
	高法治环境	低法治环境	高诚信环境	低诚信环境	高市场环境	低市场环境
	(1)	(2)	(3)	(4)	(5)	(6)
FIN_{-1}	0.867***	0.690***	0.866***	0.544***	0.874***	0.677***
	(40.49)	(11.82)	(38.30)	(22.50)	(21.07)	(18.44)
$FIN_{-1} \times GF_{-1}$	0.446***	0.821***	0.603***	0.960***	0.724**	1.274***
	(2.69)	(3.32)	(3.06)	(8.07)	(2.27)	(8.81)
GF_{-1}	0.011	-0.007*	-0.008*	-0.009***	-0.017	-0.012***
	(0.45)	(-1.71)	(-1.85)	(-4.67)	(-0.43)	(-3.30)
LIR	0.000	-0.003***	0.000	-0.000	-0.006***	0.000
	(0.36)	(-3.28)	(1.42)	(-0.16)	(-3.28)	(0.65)
FA	-0.009*	-0.027**	-0.007**	0.007*	-0.003	-0.011
	(-1.67)	(-2.57)	(-2.01)	(1.74)	(-0.33)	(-1.48)
CFLOW	0.024***	-0.001	0.009	-0.005	-0.007	0.006
	(3.05)	(-0.14)	(1.27)	(-1.10)	(-0.23)	(0.93)
PRO	-0.042***	-0.004	-0.030**	-0.094***	0.082	-0.042**
	(-3.04)	(-0.11)	(-2.40)	(-6.44)	(0.75)	(-2.32)
GROWTH	-0.002	0.001	-0.001	-0.000	-0.001	0.001
	(-1.09)	(0.75)	(-1.58)	(-0.49)	(-0.53)	(0.27)
SIZE	0.005	-0.006**	0.001	-0.000	-0.005	-0.002
	(0.90)	(-2.38)	(0.84)	(-0.34)	(-0.57)	(-0.68)
FCOST	0.018***	0.035	0.018***	0.010	-0.025	0.029**
	(2.98)	(1.50)	(3.24)	(1.10)	(-0.72)	(2.10)
LEV	-0.012***	-0.011	-0.012***	-0.035***	0.057	-0.013**
	(-3.55)	(-0.84)	(-3.66)	(-5.70)	(1.15)	(-2.25)
TQ	0.001	0.001	0.000	-0.001**	0.004*	-0.000
	(1.38)	(1.51)	(1.33)	(-2.39)	(1.94)	(-0.08)

续表

Independent Variables	非生产性企业家精神与金融资产					
	高法治环境	低法治环境	高诚信环境	低诚信环境	高市场环境	低市场环境
	(1)	(2)	(3)	(4)	(5)	(6)
FS	0.006	0.080**	0.002	0.009**	-0.004	0.069
	(1.26)	(2.00)	(0.60)	(2.29)	(-0.65)	(1.03)
BDS	0.006**	-0.011	0.003	0.006***	0.003	-0.000
	(2.09)	(-1.64)	(1.62)	(3.66)	(0.88)	(-0.06)
IND	0.012**	0.039***	0.010*	0.000	0.016**	0.001
	(2.11)	(3.15)	(1.84)	(0.07)	(2.37)	(0.17)
CIP	0.125***	-1.263	0.118***	1.880***	0.022	0.267*
	(4.21)	(-0.70)	(4.92)	(4.02)	(1.61)	(1.91)
SOE	-0.001	0.045**	-0.002	0.004***	-0.004	-0.002
	(-0.60)	(2.38)	(-1.48)	(2.81)	(-1.42)	(-1.12)
FINBACK	0.002	0.126***	-0.023	0.104***	0.002	0.062**
	(0.82)	(2.59)	(-1.10)	(3.94)	(0.53)	(2.31)
FARISK	-0.020**	-0.031**	-0.026***	-0.030***	-0.030**	-0.051***
	(-2.43)	(-2.33)	(-3.23)	(-4.94)	(-2.22)	(-2.94)
CONS	-0.104	0.141***	0.007	0.028	0.108	0.065
	(-0.80)	(3.02)	(0.41)	(1.60)	(0.56)	(1.58)
Wald Test	3455.71***	1143.14***	5268.13***	6702.99***	4088.02***	2825.35***
Hensen P 值	0.360	0.581	0.483	0.325	0.492	0.310
AR (1)	-5.50***	-4.14***	-5.60***	-4.14***	-5.63***	-3.79***
AR (2)	0.79	1.54	1.57	0.82	0.65	1.51
N	3389	3177	4128	2418	3508	3058
经验 P 值	$P_{13}=0.012^{**}$	$P_{12}=0.015^{**}$	$P_{35}=0.014^{**}$	$P_{34}=0.015^{**}$	$P_{15}=0.014^{**}$	$P_{56}=0.017^{**}$

注：(1) 括号中为 t 值；*、**、*** 分别表示 10%、5%、1% 显著性水平；

(2) "经验 P 值"用于检验组间调整系数差异的显著性，通过自体抽样（Bootstrap）3000 次得到。

同时，为了验证哪类子环境下非生产性企业家精神对金融资产的收敛减速效应更具缓解作用，比较表6-15中的第（1）列、第（3）列、第（5）列的系数可知，相较于诚信环境和市场环境，法治环境下非生产性企业家精神对金融资产的收敛减速效应更具缓解作用（0.446VS0.603VS0.724）。进一步地，为了验证系数是否存在显著的差异性，本章再次对高营商环境子环境进行差异性检验，且均在5%水平上存在显著性差异（$P_{13}=0.012$、$P_{15}=0.014$、$P_{35}=0.014$），再次表明法治环境下非生产性企业家精神对金融资产的收敛减速效应更具缓解作用。

6.8 结论与启示

本章以深沪两市制造业企业2008—2018年度的非平衡面板数据为样本，对营商环境、生产性/非生产性企业家精神对企业金融资产的动态协同进行了静态和动态两方面的实证检验，研究结果表明：①企业存在目标金融资产，并会向目标金融资产调整；②在不同的企业家精神下，企业的金融资产会向目标金融资产调整。生产性企业家精神与金融资产调整速度正相关，即生产性企业家精神促进企业金融资产的反哺速度；非生产性企业家精神与金融资产的调整速度负相关，即非生产性企业家精神抑制金融资产的反哺速度；③在不同的营商环境下，不同企业家精神会影响企业金融资产以不同的速度向目标金融资产调整：在营商环境较好的情况下，生产性企业家精神对金融资产动态收敛速度的提升作用更强；而在低营商环境下，非生产性企业精神对金融资产动态收敛速度的抑制作用更为显著。进一步地，从生产性企业家精神配置的异质性进行研究发现：相较于低投资机会的企业，具有高投资机会的企业其生产性企业家精神对金融资产动态调整更具有显著的收敛加速效应；在剔除研发投资调整成本较高的样本后，发现生产性企业家精神加快了金融资产向目标值收敛的速度；从非生产性企业家精神配置的异质性视角出发，发现规模较小、产品市场竞争强和声誉低的企业其非生产性企业家精神对金融资产反哺速度的抑制作用更强。此外，从静态的角度进行检验发现：营商环境强化了生产性企业精神对金融资产超配水平的弱化作用；弱化了非生产性企业家精神对金融资产超配水平的激励作用。与此同时，在控制不确定性对企业家精神的冲击后，良好的营商环境依然在激发企业家精神、化解金融资产超配方面具有显著的积极作用。最后，对营商环境子环境（诚信环境、法治环境、市场环境）进行检验后发现：诚信环境下生产性企业家精神对金融资产的收敛加速效应更具有激励作用；法治环境下非生产性企业家精神对金融资产的收敛减速效应更具有缓解作用。

　　本章的研究结论有助于理解营商环境与企业家精神如何协同加速金融资产对实体投资的反哺速度，对于如何改善营商环境、弘扬企业家精神，进而缓解"脱实向虚"具有重要的现实指导意义；良好的营商环境不仅能够激发企业家精神，还有助于"对冲"政策不确定性对企业家精神的冲击，为反思外生冲击不断强化的背景下，如何化解政策频繁调控带来的不确定性冲击提供了思路。

第7章
研究结论

7.1 静态分析下的研究结论

在静态分析方面：首先，基于我国沪深A股制造业上市公司2012—2018年季度财务数据，构建了不同货币政策下，影子银行对企业金融资产配置的影响模型，证明了影子银行的发展会导致企业金融资产配置增加；在不同货币政策下，影子银行发展对企业金融资产配置的影响不同，即在紧缩货币政策下，影子银行发展对企业金融资产配置的增加效果更为显著。进一步研究发现，影子银行与金融资产的正相关关系在高融资约束企业、高风险企业中更为显著；相较于短期金融资产，影子银行发展会显著增加企业的长期金融资产。研究意义在于丰富了企业金融资产配置的影响因素研究以及金融创新对微观企业行为的研究，为国家加强影子银行监管、制定货币政策引导企业"脱虚向实"提供了重要的经验证据。

其次，采用2009—2016年沪深两市A股非金融上市公司的数据，研究了市场化改革速度对企业金融资产配置的影响。研究发现：市场化改革速度与企业金融资产配置呈倒"U"形关系，即在经济转型攻关期，提高市场化改革速度会增加企业金融资产配置，而当改革速度到达某一临界值时，提高改革速度会降低金融资产的持有水平。进一步研究发现，这种倒"U"形关系在东部地区、国有企业和非技术密集型企业中更为显著。研究有利于充分认识制度环境变迁对企业投资的影响，同时对于不同产权性质、地区和行业的企业如何在不同的市场化改革速度下合理配置金融资产，引导金融资产投资回归实体经济具有一定的借鉴意义。

最后，基于2009—2020年沪深两市A股制造业上市公司数据，考察中美贸易摩擦、企业家精神对企业金融资产配置的影响。研究发现：中美贸易摩擦显著提高了企业金融资产配置；企业家精神对中美贸易摩擦与企业金融资产配置起到了部分中介作用；产权性质以及是否为出口企业显著调节了企业家精神对中美贸易摩擦与企业金融资产配置的中介作用，即当企业为国有企业或出口企业时，企业家精神对企业金融资产配置的抑制作用减弱。研究揭示了中美贸易摩擦对微观企业金融资产配置的影响路径以及中美贸易摩擦下企业家精神对金融资产配置的治理作用，为制定外贸政策、弘扬企业家精神从而化解企业脱实向虚提供了经验证据。

7.2 动态分析下的研究结论

动态分析方面：基于我国制造业上市公司2008—2018年非平衡面板数据，构建了不同营商环境下的企业家精神与金融资产的动态协同模型，证明了企业存在目标金融资产，且会向目标金融资产进行动态调整；生产性企业家精神显著提高了企业金融资产向最优水平的调整速度，而非生产性企业家精神抑制了其向最优水平的调整速度；营商环境与企业家精神对金融资产调整速度的协同影响为正。营商环境子环境诚信环境下的生产性企业家精神对金融资产的收敛加速效应更强；法治环境下的非生产性企业家精神对金融资产的收敛减速效应更弱。研究意义在于从"化解超配、提高反哺"视角拓展了企业金融资产动态调整的理论边界，为改善我国营商环境、弘扬企业家精神、缓解脱实向虚提供了政策参考值。

参 考 文 献

阿瑞吉,2001. 漫长的20世纪 [M]. 南京:江苏人民出版社.

安磊,沈悦,余若涵,2018. 高管激励与企业金融资产配置关系——基于薪酬激励和股权激励对比视角 [J]. 山西财经大学学报(12):30-44.

蔡学文,2017. 重铸民营企业家精神,助推民营经济健康发展 [J]. 辽宁省社会主义学院学报(4):73-78.

陈逢文,张沁怡,王鲜云,2018. 企业家精神、外资依存度与区域经济增长 [J]. 管理世界(2):178-179.

陈奉功,张谊浩,2021. 贸易摩擦、摩擦关注与股市短期溢出效应 [J]. 国际经贸探索(4):64-80.

陈骏,徐捍军,2019. 企业寻租如何影响盈余管理 [J]. 中国工业经济(12):171-188.

程锐,2019. 企业家精神与区域内收入差距:效应与影响机制分析 [J]. 经济管理(6):91-108.

程小可,姜永盛,郑立东,2015. 影子银行、企业风险承担与融资约束 [J]. 经济管理(4):106-115.

程小可,沈昊旻,高升好,2021. 贸易摩擦与权益资本成本 [J]. 会计研究(2):61-71.

戴赜,彭俞超,马思超,2018. 从微观视角理解经济"脱实向虚"——企业金融化相关研究述评 [J]. 外国经济与管理(11):31-43.

戴泽伟,潘松剑,2019. 实体企业金融化与企业战略差异 [J].

华东经济管理（9）：134-141.

邓超，张梅，唐莹，2017. 中国非金融企业金融化的影响因素分析 [J]. 财经理论与实践（2）：2-8.

邓伟，纪明明，2017. 房地产行业的发展会影响企业家精神吗——来自我国地级城市面板数据的研究 [J]. 现代财经（天津财经大学学报）（1）：3-13.

丁守海，徐政，2021. 中美贸易摩擦下加征关税对企业出口的影响——基于粤浙闽外贸型企业调研数据 [J]. 河南师范大学学报（哲学社会科学版）（3）：72-79.

杜伟岸，李嘉瑶，2020. 政策不确定性、企业金融化与实体经营投资 [J]. 北京邮电大学学报（社会科学版）（2）：58-66.

杜勇，谢瑾，陈建英，2019. CEO 金融背景与实体企业金融化 [J]. 中国工业经济（5）：136-154.

杜勇，张欢，陈建英，2017. 金融化对实体企业未来主业发展的影响：促进还是抑制 [J]. 中国工业经济（12）：113-131.

杜勇，周丽，2019. 高管学术背景与企业金融化 [J]. 西南大学学报（社会科学版）（6）：63-74.

樊纲，王小鲁，余静文，2017. 中国分省份市场化指数报告（2016）[M]. 北京：社会科学文献出版社.

樊纲，2010. 中国市场化指数 [M]. 北京：经济科学出版社.

冯建，王丹，2013. 货币政策紧缩、资产配置与企业绩效 [J]. 宏观经济研究（6）：21-28.

傅代国，杨昌安，2019. 货币政策对异质性企业"脱实向虚"的影响 [J]. 华南师范大学学报（社会科学版），（6）：90-101.

高越，陈胜发，2022. 经济政策不确定性与出口企业全要素生产率提升 [J]. 华东经济管理（4）：31-44.

干胜道，贺易，肖亮，2018. 非金融企业金融化水平受管理者影响吗？——基于过度自信的视角 [J]. 当代经济管理（2）：

11-16.

葛立宇, 2018. 要素市场扭曲对企业家寻租及创新的影响[J]. 科技进步与对策 (13): 123-130.

耿艳丽, 吴丽梅, 孙维章, 2018. 纳税诚信企业真的"诚信"吗? [J]. 商业研究 (7): 59-64.

顾雷雷, 郭建鸾, 王鸿宇, 2020. 企业社会责任、融资约束与企业金融化[J]. 金融研究 (2): 109-127.

管清友, 2018. 新金融监管如何影响实体企业? [J]. 商讯 (5): 29-31.

郭丽虹, 徐晓萍, 2012. 中小企业融资约束的影响因素分析[J]. 南方经济 (12): 36-48.

郭熙保, 龚广祥, 2019. 腐败、市场化与民营企业家生产性活动配置[J]. 江海学刊 (1): 99-107.

何凌云, 陶东杰, 2018. 营商环境会影响企业研发投入吗?——基于世界银行调查数据的实证分析[J]. 江西财经大学学报 (3): 50-57.

何青, 方才, 2013. 市场化进程对企业现金持有行为真的有影响吗——基于动态面板模型的实证分析[C]. 北京:《经济研究》杂志社: 284-307.

何文剑, 苗妙, 张红霄, 2019. 制度环境、企业家精神配置与企业绩效——来自中国制造业上市公司的经验证据[J]. 山东大学学报 (哲学社会科学版) (4): 40-54.

何轩, 马骏, 李胜文, 2017. 报酬结构、税收制度与企业家精神配置[J]. 科研管理 (2): 44-51.

侯晓红, 李刚, 郭雅, 2012. 市场化程度、借款契约与公允价值计量选择——基于公允价值计量在投资性房地产中应用的实证研究[J]. 当代会计评论 (1): 78-88.

胡安洪, 邵林, 2019. 世界经济不确定性情境下中国经济高质

量发展策略分析 [J]. 理论探讨 (6): 100-106.

胡利琴, 陈锐, 班若愚, 2016. 货币政策、影子银行发展与风险承担渠道的非对称效应分析 [J]. 金融研究 (2): 154-162.

胡宁, 王雪方, 孙莲珂, 靳庆鲁, 2019. 房产限购政策有助于实体企业"脱虚返实"吗——基于双重差分研究设计 [J]. 南开管理评论 (4): 20-31.

胡永刚, 石崇, 2016. 扭曲、企业家精神与中国经济增长 [J]. 经济研究 (7): 87-101.

胡奕明, 王雪婷, 张瑾, 2017. 金融资产配置动机: "蓄水池"或"替代"?——来自中国上市公司的证据 [J]. 经济研究 (1): 181-194.

胡赛, 2018. 融资约束对企业家精神"挤出效应"的实证分析——基于企业出口竞争力的视角 [J]. 浙江学刊 (4): 118-127.

黄聪英, 2019. 中国实体经济高质量发展的着力方向与路径选择 [J]. 福建师范大学学报 (哲学社会科学版) (3): 51-61.

黄海艳, 张红彬, 2018. 新时代企业家精神内涵及培育机制研究 [J]. 国家行政学院学报 (6): 42-46, 187.

黄继承, 阚铄, 朱冰, 郑志刚, 2016. 经理薪酬激励与资本结构动态调整 [J]. 管理世界 (11): 156-171.

黄继承, 朱冰, 向东, 2014. 法律环境与资本结构动态调整 [J]. 管理世界 (5): 142-156.

黄群慧, 2017. 论新时期中国实体经济的发展 [J]. 中国工业经济 (9): 5-24.

黄贤环, 王瑶, 2019. 实体企业资金"脱实向虚"与全要素生产率提升: "抑制"还是"促进" [J]. 山西财经大学学报 (10): 55-69.

黄贤环, 吴秋生, 王瑶, 2018. 金融资产配置与企业财务风险:"未雨绸缪"还是"舍本逐末"[J]. 财经研究(12): 100 - 112, 125.

贾生华, 董照樱子, 陈文强, 2016. 影子银行、货币政策与房地产市场 [J]. 当代经济科学(3): 13 - 19.

贾玉成, 翟中玉, 2019. 经济政策不确定性、国家形象与制度环境差异——对华贸易摩擦的理论解析与实证检验 [J]. 广东财经大学学报(4): 4 - 17.

冀志斌, 叶耐德, 陈妍, 2021. 贸易政策不确定性与中国制造业实体投资 [J]. 国际金融研究(9): 3 - 13.

姜超, 顾潇啸, 2016. 供给侧改革的几个问题 [A]. //对接京津——解题京津冀一体化与推动区域经济协同发展(对接京津与环首都沿渤海第13次论坛 [二])论文集 [C]. 河北廊坊: 廊坊市应用经济学会: 148 - 161.

江春, 李巍, 2013. 中国非金融企业持有金融资产的决定因素和含义: 一个实证调查 [J]. 经济管理(7): 13 - 23.

姜付秀, 刘志彪, 陆正飞, 2006. 多元化经营、企业价值与收益波动研究——以中国上市公司为例的实证研究 [J]. 财经问题研究(11): 27 - 35.

蒋水全, 刘星, 徐光伟, 2018. 金融股权关联对上市公司现金持有之影响: 基于货币政策波动视角的实证考察 [J]. 管理工程学报(1): 9 - 23.

姜巍, 2019. 市场化改革、对外开放与中国区域经济增长 [J]. 广东社会科学(2): 28 - 39.

蒋为, 孙浦阳, 2016. 美国对华反倾销、企业异质性与出口绩效 [J]. 数量经济技术经济研究(7): 59 - 76.

晋盛武, 何珊珊, 2017. 企业金融化、高管股权激励与研发投资 [J]. 科技进步与对策(22): 78 - 84.

靳卫东, 高波, 吴向鹏, 2008. 企业家精神: 含义、度量和经

济绩效的评述 [J]. 中南财经政法大学学报 (4): 101-105.

景维民,莫龙炯,2017. 经济转型时期国有经济最优规模研究——基于省际数据的实证分析 [J]. 经济学家 (9): 12-19.

景维民,莫龙炯,2019. 市场化转型、所有制结构与地区经济增长 [J]. 现代财经(天津财经大学学报)(2): 31-42.

鞠斐,袁勇志,2019. 将中美贸易摩擦转变为引进海外人才归国创业的战略机遇 [J]. 人民论坛·学术前沿 (22): 154-157.

蓝天,张春光,葛金锋,2019. 企业风险、影子银行与利率市场化改革路径——基于 DSGE 模型的分析 [J]. 金融监管研究 (5): 1-17.

李春涛,闫续文,宋敏,等,2020. 金融科技与企业创新——新三板上市公司的证据 [J]. 中国工业经济 (1): 81-98.

李后建,2013. 市场化、腐败与企业家精神 [J]. 经济科学 (1): 99-111.

李华,2018. 税收优惠与调整成本对企业研发投入行为的影响研究 [J]. 当代财经 (7): 25-34.

李宏,吴东松,曹清峰,2020. 中美贸易摩擦对中国制造业全球价值链分工地位的影响 [J]. 财贸研究 (7): 50-60.

李兰,仲为国,彭泗清,等,2019. 当代企业家精神:特征、影响因素与对策建议——2019 中国企业家成长与发展专题调查报告 [J]. 南开管理评论 (5): 4-12.

李建伟,李树生,2015. 影子银行、利率市场化与实体经济景气程度——基于 SVAR 模型的实证研究 [J]. 中南财经政法大学学报 (3): 56-62.

李诗和,徐玖平,刘玉邦,2016. 基于 ISM 模型的企业家精神系统核心内涵分析 [J]. 科技管理研究 (23): 193-201.

李顺彬,2020. 产品市场竞争、竞争地位与企业金融资产配置 [J]. 经济体制改革 (1): 119-127.

李顺彬,田珺,2019.货币政策适度水平、融资约束与企业金融资产配置——对"蓄水池"与"替代"动机的再检验[J].金融经济学研究(2):3-13.

李文贵,邵毅平,2020.创始人管理、企业金融化与主业发展[J].财贸研究(9):99-110.

黎文靖,孔东民,2013.信息透明度、公司治理与中小股东参与[J].会计研究(1):42-49.

李馨子,牛煜皓,张广玉,2019.客户集中度影响企业的金融投资吗?[J].会计研究(9):65-70.

李言,张智,2021.营商环境、企业家精神与经济增长质量——来自中国城市的经验证据[J].宏观质量研究(4):48-63.

李元,王擎,2020.宽松货币政策对企业金融资产配置影响的实证研究[J].中国软科学(4):154-163.

李云鹤,李湛,唐松莲,2011.企业生命周期、公司治理与公司资本配置效率[J].南开管理评论(3):110-121.

李政,艾尼瓦尔,2018.不确定性是实行产业政策的主因——企业家追求创业机会的视角[J].社会科学研究(4):21-27.

连玉君,彭方平,苏治,2010.融资约束与流动性管理行为[J].金融研究(10):158-171.

连玉君,苏治,2008.上市公司现金持有:静态权衡还是动态权衡[J].世界经济(10):84-96.

廖冠民,沈红波,2014.国有企业的政策性负担:动因、后果及治理[J].中国工业经济(6):96-108.

梁洪学,2019.激发释放企业家精神的制度环境——对企业家精神的再认识[J].学习与探索(2):137-142.

林慧婷,何玉润,王茂林,2018.市场化改革速度与企业R&D投入——基于中国A股非金融类上市公司的实证分析[J].会计研究（8）：28-34.

林涛，魏下海，2020.营商环境与外来移民的企业家精神［J］.宏观质量研究（1）：57-68.

凌永辉，张月友，沈凯玲，2017.生产性服务业发展、先进制造业效率提升与产业互动——基于面板联立方程模型的实证研究［J］.当代经济科学（2）：62-71，126.

刘博研，韩立岩，2012.现金持有动态调整机制——基于动态面板模型的实证分析［J］.数理统计与管理（1）：164-176.

刘贯春，2017.金融资产配置与企业研发创新："挤出"还是"挤入"［J］.统计研究（7）：49-61.

刘贯春，刘媛媛，张军，2019.金融资产配置与中国上市公司的投资波动［J］.经济学（季刊）（2）：573-596.

刘贯春，张军，刘媛媛，2018.金融资产配置、宏观经济环境与企业杠杆率［J］.世界经济（1）：148-173.

刘华，2015.市场化改革、研发投入与创新绩效关系的实证［J］.统计与决策（9）：146-148.

刘煜辉，2011.中国地区金融生态环境评价［M］.北京：社会科学文献出版社.

卢琼佩，2015.影子银行对我国房地产价格影响的实证研究［J］.经济论坛（1）：74-78.

陆婷，2018.经济政策不确定性与企业短期金融资产配置［J］.投资研究（8）：93-113.

陆燕，2020.2019年世界经济形势回顾与展望［J］.国际经济合作（1）：4-12.

罗付岩，2013.市场化进程、关联交易与投资效率［J］.中南财经政法大学学报（1）：115-121.

罗来军，蒋承，王亚章，2016.融资歧视、市场扭曲与利润迷失——兼议虚拟经济对实体经济的影响［J］.经济研究（4）：

74-88.

罗振男，孙凤，2019. 科技实力是贸易平衡的根本——社会学视角看中美贸易摩擦［J］. 科学管理研究（5）：36-39.

吕朝凤，朱丹丹，2016. 市场化改革如何影响长期经济增长？——基于市场潜力视角的分析［J］. 管理世界（2）：32-44.

马红，侯贵生，王元月，2018. 虚拟经济适度发展对企业技术创新的影响——基于虚拟经济与实体经济协调发展的研究视角［J］. 软科学（11）：11-14，79.

马骆茹，朱博恩，2017. 需求波动、营商环境与企业的研发行为——以长三角和珠三角为例［J］. 北京工业大学学报（社会科学版）（2）：47-57.

马亚明，贾月华，侯金丹，2018. 影子银行对我国房地产市场的影响：基于监管套利视角［J］. 广东财经大学学报（1）：39-48.

孟庆斌，张永冀，贾俊生，2019. 宏观经济不确定性与企业最优资产结构［J］. 系统工程理论与实践（2）：286-297.

潘健平，王铭榕，吴沛雯，2015. 企业家精神、知识产权保护与企业创新［J］. 财经问题研究（12）：104-110.

潘红波，余明桂，2009. 基于实证分析的跨区域并购公司治理效应研究［J］. 江西社会科学（10）：194-199.

潘孝珍，2019. 企业社会责任可以相互传递吗？——基于沪深A股上市公司的空间计量分析［J］. 证券市场导报（12）：20-29.

彭俞超，韩珣，李建军，2018. 经济政策不确定性与企业金融化［J］. 中国工业经济（1）：137-155.

戚聿东，张任之，2018. 金融资产配置对企业价值影响的实证研究［J］. 财贸经济（5）：38-52.

裘翔，周强龙，2014. 影子银行与货币政策传导［J］. 经济研究（5）：91-105.

曲昭光，王湃. 2018. 基于动态随机一般均衡模型的我国影子

银行研究 [J]. 金融理论与实践（3）: 9 - 17.

冉茂盛, 陈亮, 李万利, 2021. 经济不确定性、企业家精神与区域创新效率 [J]. 研究与发展管理（3）: 149 - 162.

饶品贵, 姜国华, 2011. 货币政策波动、银行信贷与会计稳健性 [J]. 金融研究（3）: 51 - 71.

任瑞敏, 左勇华, 2016. 自由意志与"动物精神": 金融本质的原在性背离——金融市场非理性的现象学解读 [J]. 上海财经大学学报（3）: 26 - 35.

邵敏, 2001. 我国企业出口对员工收入的影响——基于企业异质性视角的经验研究 [J]. 中国工业经济（9）: 67 - 77.

史焕平, 李泽成, 2014. 我国商业银行"钱荒"之谜: 基于货币结构视角的分析 [J]. 山西大学学报（哲学社会科学版）（5）: 93 - 98.

舒鑫, 于博, 2020. 过度金融化对研发投资的挤出效应与挤出机制 [J]. 河海大学学报（哲学社会科学版）（6）: 29 - 38.

宋军, 陆旸, 2015. 非货币金融资产和经营收益率的 U 形关系——来自我国上市非金融公司的金融化证据 [J]. 金融研究（6）: 111 - 127.

苏治, 方彤, 尹力博, 2017. 中国虚拟经济与实体经济的关联性——基于规模和周期视角的实证研究 [J]. 中国社会科学（8）: 87 - 109.

孙兰兰, 王竹泉, 2017. 供应链关系、产权性质与营运资金融资结构动态调整——基于不同行业景气度的分析 [J]. 当代财经（5）: 115 - 125.

孙维峰, 黄祖辉, 2013. 广告支出、研发支出与企业绩效 [J]. 科研管理（2）: 44 - 51.

孙晓华, 李明珊, 王昀, 2015. 市场化进程与地区经济发展差距 [J]. 数量经济技术经济研究（6）: 39 - 55.

孙烨，许艳，2016. 产品市场竞争与融资约束关系研究——基于董事会成员背景特征的中介作用［J］. 产业经济研究（1）：100-110.

孙铮，刘凤委，李增泉，2005. 市场化程度、政府干预与企业债务期限结构——来自我国上市公司的经验证据［J］. 经济研究（5）：52-63.

唐斯斯，2012. 增强实体经济活力遏制产业空心化［J］. 宏观经济管理（9）：40-42.

万源星，魏紫萱，王怡舒，2021. 中美贸易摩擦影响中国企业研发国际化吗［J］. 科学学研究（11）：1-13.

王爱俭，舒鑫，于博，2020. 产业政策扶持与企业金融资产配置——基于"五年规划"变更的自然实验［J］. 商业经济与管理（10）：52-72.

王国刚，2015. 中国地区金融生态环境评价［M］. 北京：社会科学文献出版社.

王芳，姚玲珍，2018. 高房价会抑制私营企业的投资规模吗［J］. 财经研究（8）：88-100.

王红建，曹瑜强，杨庆，杨筝，2017. 实体企业金融化促进还是抑制了企业创新——基于中国制造业上市公司的经验研究［J］. 南开管理评论（1）：155-166.

王红建，李茫茫，汤泰劼，2016. 实体企业跨行业套利的驱动因素及其对创新的影响［J］. 中国工业经济（11）：73-89.

王晋斌，李博，2017. 中国货币政策对商业银行风险承担行为的影响研究［J］. 世界经济（1）：25-43.

王蕾，张婧婕，陈霄，2015. 影子银行、中小企业融资与深化金融改革——基于结构向量自回归模型的实证分析［J］. 华东经济管理（4）：102-108.

王满，李坤榕，王越，等，2016. 公司治理对营运资本持有量动态调整的影响——基于中国 A 股制造业上市公司数据的实证检验 [J]. 会计论坛 (1): 78 - 92.

王睿智, 冯永春, 许晖, 2017. 声誉资源和关系资源对突破式创新影响关系 [J]. 管理科学 (5): 87 - 101.

王霞, 2019. 中美贸易摩擦对全球制造业格局的影响研究 [J]. 数量经济技术经济研究 (6): 22 - 40.

王营, 曹廷求, 2017. 中国区域性金融风险的空间关联及其传染效应——基于社会网络分析法 [J]. 金融经济学研究 (3): 46 - 55.

王永钦, 高鑫, 袁志刚, 等, 2016. 金融发展、资产泡沫与实体经济: 一个文献综述 [J]. 金融研究 (5): 191 - 206.

王喆, 张明, 刘士达, 2017. 从"通道"到"同业"——中国影子银行体系的演进历程、潜在风险与发展方向 [J]. 国际经济评论 (4): 128 - 148.

王竹泉, 刘文静, 高芳, 2007. 中国上市公司营运资金管理调查: 1997—2006 [J]. 会计研究 (12): 69 - 75.

魏下海, 董志强, 张永璟, 2015. 营商制度环境为何如此重要?——来自民营企业家"内治外攘"的经验证据 [J]. 经济科学 (2): 105 - 116.

温忠麟, 叶宝娟, 2014. 中介效应分析: 方法和模型发展 [J]. 心理科学进展 (5): 731 - 745.

温忠麟, 叶宝娟, 2014. 有调节的中介模型检验方法: 竞争还是替补? [J]. 心理学报 (5): 714 - 726.

吴晗, 张克菲, 2019. 银行同业业务与实体经济融资——基于货币供给创造的视角 [J]. 金融论坛 (5): 21 - 31.

吴军, 陈丽萍, 2018. 非金融企业金融化程度与杠杆率变动的关系——来自 A 股上市公司和发债非上市公司的证据 [J]. 金融论坛 (1): 3 - 15.

吴娜，2013. 经济周期、融资约束与营运资本的动态协同选择［J］. 会计研究（8）：54-61.

吴娜，于博，白雅馨，等，2021. 营商环境、企业家精神与金融资产的动态协同［J］. 会计研究（3）：146-165.

吴娜，于博，王博梓，2017. 市场化进程、创新投资与营运资本的动态调整［J］. 会计研究（6）：82-88，97.

吴娜，于博，陈玉，2019. 经济周期对营运资本的自然治理效应［J］. 经济学动态（11）：68-83.

吴娜，于博，樊瑞婷，2020. 影子银行、货币政策与企业金融资产配置［J］. 现代财经（天津财经大学学报）（11）：3-20.

吴娜，白雅馨，2019. 市场化改革速度与企业金融资产配置：一种倒U形关系［J］. 云南财经大学学报（9）：73-94.

吴娜，白雅馨，刘聪慧，等，2022. 中美贸易摩擦、企业家精神与金融资产配置［J］. 会计与经济研究（3）：15-32.

武晓芬，梁安琪，李飞，等，2018. 制度信用环境、融资约束和企业创新［J］. 经济问题探索（12）：70-80.

吴延兵，2012. 国有企业双重效率损失研究［J］. 经济研究（3）：15-27.

吴智华，杨秀云，2018. 影子银行、金融稳定与货币政策［J］. 当代财经（9）：48-61.

夏后学，谭清美，白俊红，2019. 营商环境、企业寻租与市场创新——来自中国企业营商环境调查的经验证据［J］. 经济研究（4）：84-98.

向松祚，2015. 警惕金融业脱"实"向"虚"［A］//.2015年国际货币金融每日综述选编［C］. 2389-2390.

谢家智，江源，王文涛，2014. 什么驱动了制造业金融化投资行为——基于A股上市公司的经验证据［J］. 湖南大学学报（社会科学版）（4）：23-29.

谢军，黄志忠，2014. 宏观货币政策和区域金融发展程度对企业投资及其融资约束的影响 [J]. 金融研究（11）：64-78.

解维敏，魏化倩，2016. 市场竞争、组织冗余与企业研发投入 [J]. 中国软科学（8）：102-111.

谢雪燕，郭媛媛，朱晓阳，等，2018. 融资约束、企业家精神与企业绩效关系的实证分析 [J]. 统计与决策（20）：180-184.

谢众，张杰，2019. 营商环境、企业家精神与实体企业绩效——基于上市公司数据的经验证据 [J]. 工业技术经济（5）：89-96.

邢斌，徐龙炳，2015. 超募、投资机会与公司价值 [J]. 财经研究（9）：65-78.

徐浩，张美莎，2019. 营商环境、关系型融资与技术创新 [J]. 当代财经（12）：73-83.

徐经长，曾雪云，2010. 公允价值计量与管理层薪酬契约 [J]. 会计研究（3）：12-19.

徐经长，曾雪云，2012. 金融资产规模、公允价值会计与管理层过度自信 [J]. 经济理论与经济管理（7）：5-16.

徐军辉，2013. 中国式影子银行的发展及其对中小企业融资的影响 [J]. 财经科学（2）：11-20.

徐梅，2015. 经济周期与金融资产投资协动性关系研究——基于货币政策影响的视角 [J]. 统计与信息论坛（11）：12-17.

徐云，凌筱婷，戴德明，2022. 实体企业进行金融资产配置会促进研发投入吗？[J]. 山西财经大学学报（2）：63-75.

徐云松，2018. 货币政策、影子银行与银行流动性 [J]. 首都经济贸易大学学报（5）：18-27.

亚琨，2018. 高管投行背景、政策机会与公司金融投资偏好 [J]. 中南财经政法大学学报（1）：33-41.

闫海洲，陈百助，2018. 产业上市公司的金融资产：市场效应与持有动机[J]. 经济研究（7）：152-166.

杨培强，张兴泉，2014. 贸易保护政策对异质性企业影响的实证检验——兼论中美产业内贸易摩擦传导机制[J]. 国际贸易问题（1）：120-130.

杨兴全，曾春华，2012. 市场化进程、多元化经营与公司现金持有[J]. 管理科学（6）：43-54.

杨兴全，张丽平，陈旭东，2014. 市场化进程与现金股利政策：治理效应抑或缓解融资约束？[J]. 经济与管理研究（5）：76-84.

杨兴全，张丽平，吴昊旻，2014. 市场化进程、管理层权力与公司现金持有[J]. 南开管理评论（2）：34-45.

杨兴全，曾义，吴昊旻，2014. 货币政策、信贷歧视与公司现金持有竞争效应[J]. 财经研究（2）：133-144.

杨筝，刘放，王红建，2017. 企业交易性金融资产配置：资金储备还是投机行为？[J]. 管理评论（2）：13-25.

杨飞，孙文远，程瑶，2018. 技术赶超是否引发中美贸易摩擦[J]. 中国工业经济（10）：99-117.

叶敏华，2007. 企业社会责任与可持续发展研究[J]. 上海经济研究（11）：85-90.

叶康涛，张然，徐浩萍，2010. 声誉、制度环境与债务融资——基于中国民营上市公司的证据[J]. 金融研究（8）：171-183.

袁红林，蒋含明，2013. 中国企业家创业精神的影响因素分析——基于省级面板数据的实证研究[J]. 当代财经（8）：65-75.

袁晓玲，李政大，白天元，2012. 基于市场环境调节的企业家精神与EVA绩效研究[J]. 西安交通大学学报（社会科学版）（3）：36-42.

袁建国，程晨，后青松，2015. 环境不确定性与企业技术创新——基于中国上市公司的实证研究 [J]. 管理评论（10）：60-69.

叶作义，吴文彬，2018. 企业研发投入的驱动因素分析——基于中国上市公司企业家精神角度 [J]. 上海对外经贸大学学报（2）：40-51, 86.

余明桂，李文贵，潘红波，2013. 民营化、产权保护与企业风险承担 [J]. 经济研究（9）：112-124.

于文超，梁平汉，2019. 不确定性、营商环境与民营企业经营活力 [J]. 中国工业经济（11）：136-154.

于泽，钱智俊，方庆，等，2017. 数量管制、流动性错配和企业高额现金持有——来自上市公司的证据 [J]. 管理世界（2）：67-84.

张骞，罗昌瀚，周鸿勇，2022. 专利结构与经济增长——基于产业结构的门槛效应分析 [J]. 河海大学学报（哲学社会科学版）（2）：37-44.

张成思，刘贯春，2018. 中国实业部门投融资决策机制研究——基于经济政策不确定性和融资约束异质性视角 [J]. 经济研究（12）：51-67.

张成思，张步昙，2015. 再论金融与实体经济：经济金融化视角 [J]. 经济学动态（6）：56-66.

张成思，张步昙，2016. 中国实业投资率下降之谜：经济金融化视角 [J]. 经济研究（12）：32-46.

张成思，郑宁，2018. 中国非金融企业的金融投资行为影响机制研究 [J]. 世界经济（12）：3-24.

张成思，郑宁，2020. 中国实体企业金融化：货币扩张、资本逐利还是风险规避 [J]. 金融研究（9）：1-19.

张大海，祝志川，张玉杰，2021. 中美贸易摩擦对我国出口贸易影响的实证［J］．统计与决策（14）：113－117．

张国峰，陈方媛，2018．市场化改革、企业规模与研发投入［J］．大连理工大学学报（社会科学版）（4）15－20．

张济建，苏慧，王培，2017．产品市场竞争、机构投资者持股与企业R&D投入关系研究［J］．管理评论（11）：89－97．

张杰，周晓艳，李勇，2011．要素市场扭曲抑制了中国企业R&D？［J］．经济研究（8）：78－91．

张莉，朱光顺，李世刚，等，2019．市场环境、重点产业政策与企业生产率差异［J］．管理世界（3）：114－126．

张淑英，2015．宏观经济形势与企业营运资金需求动态调整研究［J］．产经评论（4）：133－147．

张卫国，董晋亭，于连超，等，2020．货币政策不确定性与企业金融化［J］．财会月刊（10）：128－136．

郑立东，程小可，姚立杰，2014．经济政策不确定性、行业周期性与现金持有动态调整［J］．中央财经大学学报（12）：68－78．

郑曼妮，黎文靖，2018．中国过度负债企业去杠杆——基于资本结构动态调整视角［J］．国际金融研究（10）：87－96．

郑尚植，王怡颖，2017．去杠杆背景下实体经济与虚拟经济的协调发展研究——基于2003—2015年东北地区34个地级市面板数据的实证分析［J］．当代经济管理（11）：65－70．

钟海燕，冉茂盛，戚拥军，2014．市场化改革与国有企业现金持有动态调整［J］．经济与管理研究（2）：95－102．

周冬华，黄佳，赵玉洁，2019．员工持股计划与企业创新［J］．会计研究（3）：63－70．

周丽萍，陈燕，金玉健，2016．企业社会责任与财务绩效关系的实证研究——基于企业声誉视角的分析解释［J］．江苏社会科学（3）：95－102．

周游，张成思，2016. 经济金融化分析 [J]. 中国金融（4）：33-34.

周泽将，高雅萍，张世国，2020. 营商环境影响企业信贷成本吗 [J]. 财贸经济（12）：117-131.

周中胜，徐红日，陈汉文，等，2016. 内部控制质量对公司投资支出与投资机会的敏感性的影响：基于我国上市公司的实证研究 [J]. 管理评论（9）：206-217.

朱彤，刘鹏程，王小洁，2015. 贸易开放对发展中国家企业家精神的影响 [J]. 南开经济研究（5）：111-125.

朱映惠，2017. 实体企业金融投资与宏观经济波动——基于金融投资收益持续上升的视角 [J]. 金融论坛，(5)：12-23.

朱映惠，王玖令，2017. 实体企业金融投资的经济效应研究——基于企业资金配置脱实向虚的视角 [J]. 金融监管研究（6）：16-34.

Aalbers M B, 2008. The Financialization of Home and the Mortgage Market Crisis [J]. Competition & Change, 12: 148-166.

Akkemik K A, Ozen S, 2014. Macroeconomic and Institutional Determinants of Financialization of Non-financial Firms: Case Study of Turkey [J]. Socio-Economic Review, 12: 71-98.

Banalieva E R, Eddleston K A, Zellweger T M, 2015. When do Family Firms have an Advantage in Transitioning Economies? Toward a Dynamic Institution-based View [J]. Strategic Management Journal, 36: 1358-1377.

Banos-Caballero S, García-Teruel P J, Martínez-Solano P, 2013. The Speed of Adjustment in Working Capital Requirement [J]. European Journal of Finance, 19: 978-992.

Baumol W, 1990. Entrepreneurship: Productive, Unproductive, and Destructive [J]. Journal of Political Economy, 95: 893-921.

Beck T, Demirgükgunt A, Maksimovic V, 2005. Financial and Legal Constraints to Growth: Does Firm Size Matter [J]. The Journal of Finance, 60: 137 –177.

Bloom, N., M. Draca, and R. J. Van. 2016. Trade induced technical change? The impact of Chinese imports on innovation, IT and productivity [J]. The Review of Economic Studies 83 (1): 87 –117.

Covin J G, Slevin D P, 1991. A Conceptual Model of Entrepreneurship as Firm Behavior [J]. Entrepreneurship Theory and Practice, 16: 7 –26.

Cuervo – Cazurra A, Dau L A, 2009. Structural Reform and Firm Exports [J]. Management International Review, 49: 479 –507.

Cuervo – Cazurra A, Dau L A, 2009. Promarket Reforms and Firm Profitability in Developing Countries [J]. Academy of Management Journal, 52: 1348 –1368.

Da Luz A R, Bittencourt J T, Taioka T, 2015. Wealth Financialization: Operating Profit as Conditioning of Financial Revenue [J]. Journal of Financial Innovation, 1: 53 –72.

Davis L E, 2013. Financialization and the Nonfinancial Corporation: an Investigation of Firm – level Investment Behavior in the U. S. 1971—2011 [J]. Umass Amherst Economics Working Papers, 86: 178 –184.

Demir F, 2009. Financialization and Manufacturing Firm Profitability under Uncertainty and Macroeconomic Volatility: Evidence from an Emerging [J]. Review of Development Economics, 13: 592 –609.

Demir, F. 2009. Financial Liberalization, Private Investment and Portfolio Choice: Financialization of Real Sectors in Emerging Markets [J]. Journal of Development Economics, 88: 314 –324.

Denis D J, Sibilkov V, 2010. Financial Constraints, Investment, and the Value of Cash Holdings [J]. Review of Financial Studies, 23: 247 - 269.

Dong Z, Wei X, Zhang Y, 2016. The Allocation of Entrepreneurial Efforts in a Rent - seeking Society: Evidence from China [J]. Journal of Comparative Economics, 44: 353 - 371.

Dore R, 2008. Financialization of the Global Economy [J]. Industrial & Corporate Change, 17: 1097 - 1112.

Duchin R, Gilbert T, Harford J, Hrdlicka C, 2017. Precautionary Savings with Risky Assets: When Cash is not Cash [J]. The Journal of Finance, 72: 793 - 852.

García - Teruel P J, Martínez - Solano P, 2008. On the Determinants of SME Cash Holdings: Evidence from Spain [J]. Journal of Business Finance & Accounting, 35: 127 - 149.

Greenwood R, Suddaby R, Hinings C R, 2002. Theorizing Change: The Role of Professional Associations in the Transformation of Institutionalized Fields [J]. Academy of Management Journal, 45: 58 - 80.

Greetham T, Hartnett M. 2004. The Investment Clock [R]. Merrill Lynch.

Hoffman A J, 1999. Institutional Evolution and Change: Environmentalism and the US Chemical Industry [J]. Academy of Management Journal, 42: 351 - 371.

Holmstrom B, 1989. Agency Costs and Innovation [J]. Journal of Economic Behavior and Organization, 12: 305 - 327.

Hwan, Joo, Seo, Han, Sung, Kim, Yoo, Chan, Kim, 2012. Financialization and the Slowdown in Korean Firms' R&D Investment? [J]. Asian Economic Papers, 11 (3): 35 - 49.

Jiménez G, Ongena S, Peydró J, Saurina J, 2014. Hazardous

Times for Monetary Policy: What do Twenty – three Million Bank Loans Say about the Effects of Monetary Policy on Credit Risk – taking [J]. Econometrica, 82: 463 – 505.

Kim H, Kim H, Hoskisson R E, 2010. Does Market – oriented Institutional Change in an Emerging Economy Make Business – group – affiliated Multinationals Perform Better? An Institution – based View [J]. Journal of International Business Studies, 41: 1141 – 1160.

Kirzner I M, 2009. The Alert and Creative Entrepreneur: a Clarification [J]. Small Business Economics, 32: 145 – 152.

Krippner G R, 2005. The Financialisation of the American Economy [J]. Socio – Economic Review, 3: 173 – 208.

Lazonick W, 2010. Innovative Business Models and Varieties of Capitalism: Financialization of the U. S. Corporation [J]. Business History Review, 84: 675 – 702.

Lazonick W, Tulumö, 2011. US Biopharmaceutical Finance and the Sustainability of the Biotech Business Model [J]. Research Policy, 40: 1170 – 1187.

Lee K, Peng M W, Lee K, 2008. From Diversification Premium to Diversification Discount during Institutional Transitions [J]. Journal of World Business, 43: 47 – 65.

Li H, Yang Z, Yao X, et al., 2012. Entrepreneurship, Private Economy and Growth: Evidence from China [J]. China Economic Review, 23: 948 – 961.

Lumpkin G T, Dess G G, 1996. Entrepreneurship, Private Economy l Orientation Construct and Linking it to Performance [J]. Academy of Management Review, 21: 135 – 172.

Nelson B, Pinter G, Theodoridis K, 2018. Do Contractionary Monetary Policy Shocks Expand Shadow Banking [J]. Journal of

Applied Econometrics, 33: 198-211.

Nicknell S J, 1996. Competition and Corporate performance [J]. Journal of Political Economy, 724-726.

Nissim D, Penman S H, 2001. Ratio Analysis and Equity Valuation: Form Research to Pratice [J]. Review of Accounting Studies, 6: 109-154.

Park S H, Li S, Tse D K, 2006. Market Liberalization and Firm Performance during China's Economic Transition [J]. Journal of International Business Studies, 37: 127-147.

Peng M W, 2003. Institutional Transitions and Strategic Choices [J]. Academy of Management Review, 28: 275-296.

Richardson S, 2006. Over-investment of Free Cash Flow [J]. Review of Accounting Studies, 11: 159-189.

Salim A R, 2003. Economic Liberalization and Productivity Growth: Further Evidence from Bangladesh [J]. Oxford Development Studies, 31: 85-98.

Sen S, Dasgupta Z, 2018. Financialization and Corporate Investments: The Indian Case [J]. Review of Keynesian Economics, 6: 96-113.

Seo H J, Kim H S, Kim Y C, 2012. Financialization and the Slowdown in Korean Firms' R&D Investmen [J]. Asian Economic Papers, 11: 35-49.

Smith C W, Stulz R M, 1985. The Determinants of Firms' Hedging Policies [J]. Journal of Financial and Quantitative Analysis, 20: 391-405.

Stockhammer E, 2004. Financialisation and the Slowdown of Accumulation [J]. Cambridge Journal of Economics, 28: 719-741.

Stockhammer E, 2005. Shareholder Value Orientation and the Investment-profit Puzzle [J]. Journal of Post Keynesian Economics,

28: 193 -215.

Stulz R M, 1996. Rethinking Risk Managment [J]. Journal of Applied Corporate Finance, 9: 8 -25.

Tavassoli S , Bengtsson L, 2017. Karlsson C. Strategic entrepreneurship and knowledge spillovers: spatial and aspatial perspectives [J]. International Entrepreneurship & Management Journal, 13 (1): 233 -249.

Tayem G, 2017. The Determinants of Corporate Cash Holdings: The Case of a Small Emerging Market [J]. International Journal of Financial Research, 8: 143 -154.

Thomas J Holmes, James A, Schmitz Jr, 2001. A Gain from Trade: From Unproductive to Productive Entrepreneurship [J]. Journal of Monetary Economics, 47: 417 -446.

Tobin J, 1965. Money and Economic Growth [J]. Econometrica, 33: 671 -684.

Verona F, Martins M, Drumond I, 2013. (Un) anticipated Monetary Policy in a DSGE Model with a Shadow Banking System [J]. International Journal of Central Banking, 9: 73 -117.